이야기 도덕경

※ 일러두기

1. 이 책에서 쓴 글마루는 왕필본을 따랐습니다.
2. 해석에는 의역(意譯)을 한 곳이 있는데 그런 풀이가 도덕경 전체의 맥락과 맞는다고 보았기 때문입니다.
3. 노자를 주로 '옛늙은이'라고 말한 것은 노자를 두드러지지 않으며 누구에게나 친근한 분이라는 이해를 바탕으로 했습니다.
4. 이 책에서 『도덕경』을 해석하는 큰 줄기는 '생명의 진실'과 '보다 바람직한 세상을 위한 전망'이라는 두 가지임을 밝힙니다.
5. 때로 낯선 낱말을 쓴 것은 글쓴이가 우리말을 아끼고 사용해야 한다는 평소의 소신에서 비롯된 것입니다.
6. 글쓴이는 모든 내용에 대해 저작권을 주장하지 않을 것입니다.

키작은풀이 들려주는

이야기 도덕경

김태종 지음

고두미

책머리에

이런 저런 글들을 써 오는 동안 책을 내라는 얘기를 적지 않게 듣기도 했습니다. 그런 말을 들을 때마다 간단하게 거절을 하면서 여기까지 왔습니다. 물론 내 이름으로 책이 나온 일이 있기는 합니다. 주변의 사람들이 내가 썼던 글들을 추려 묶어서 책으로 낸 건데 그저 아는 사람들끼리 나눠 보는 책이어서 큰 부담이 되지는 않았습니다. 책이 나오는 일에 크게 신경을 쓰지도 않았습니다.

내게 있어서 책을 내는 일은 늘 두려움이었고 지금도 마찬가지입니다. 책 하나가 나오려면 나무들의 죽음이 전제가 된다는 것을 아는 까닭입니다. 책을 내 보라는 말을 거절한 가장 큰 이유도 그것이었습니다. 내가 책을 내는 데 쓰인 종이, 그 종이가 되느라 제 뜻과 아무 상관없이 죽어간 나무들이 억울해 하지 않을 만한 책을 쓴다는 것에 대한 자신이 없습니다.

그럼에도 이번에는 책을 내 보기로 했습니다. 오랫동안 일을 하다가 모처럼 쉬면서 정리한 것을 묶어 내놓는 것이 내 휴식이 그냥 시간을 보낸 것이 아니라는 말을 하고 싶었던 겁니다.

책을 내는 일은 주변머리 없는 나 혼자서는 어려운 일입니다. 글을 써 놓고 주변의 사람들에게 도움을 청했을 때 기꺼이 돕겠다고 나서 준 사람들이 있어서 뜻밖에도 일이 쉽게 풀리면서 여기까지 왔습니다.

출판사가 정해지고 원고를 넘긴 다음 교정지를 받았을 때는 새로운 두려움이 생겼습니다. 글이 거칠다는 생각, 덤벙거려 실수를 한 것들이 살필 때마다 나타나니 그 또한 이만저만 신경 쓰이는 게 아니었습니다. 그런 나를 도와 눈 부비며 교정을 맡아 준 사람이 있다는 것도 큰 힘이 되었습니다.

몇 번의 교정을 거쳤지만 그래도 생기는 불안은 어쩔 수가 없습니다. 가슴 한 구석에 또아리를 틀고 있는 생각이 있습니다. 마치 모르는 문제들이 수두룩한 시험지를 풀 수 있는 데까지 풀어놓고 시험 시간이 끝나는 종소리를 기다리던 때와 똑같은 감정이 바로 그것입니다. 결국 아쉬움 많이 남는 마지막 교정지를 보내는 것으로 모든 속 시끄러운 것들을 깔고 앉습니다.

모자란 자식을 낳는 데 기꺼이 산파가 되겠다고 대답을 해 준 출판사 대표를 비롯하여 수없이 많은 고마운 이들의 얼굴이 번갈이 떠오릅니다. 못난 글에다가 분에 넘치는 추천의 말씀을 해주신 두 분 선생님과 내 일처럼 나서서 도와주신 벗들을 떠올리며 큰 절을 올립니다.

살면서 해 온 일은 오직 사랑하는 일 하나뿐인데, 그 사랑이라는 것은 힘없는 이들이 아프거나 슬프거나 비참해지거나 억울해하는 자리에 가서 함께 있는 것이었습니다. 이 일은 내가 살아 있는 동안은 끝나지 않고 어떤 형태로든 지속될 것입니다. 이 책을 그분들과 그들의 삶이라는 이름의 제단과, 죽어간 나무들의 그루터기에 바칩니다.

날마다 좋은 날!

2019년 거둠달

비오는 창밖을 내다보며 키작은풀 김태종

이야기 도덕경

차림

여는 마당, 도덕경의 세계로 모심

첫째 마당, 큰 가르침으로 들어섬

넷째 마당, 다시 나아갈 길을 살피며

닫는 마당, 열매가 씨앗으로

□ 추천의 말

여는 마당

도덕경의 세계로 모심

세상,

이 얼마나 아름다운 곳인가?

꿈을 꾸듯 살다 가야지.

왜 다시 도덕경인가

살아 있다는 것과 살아간다는 것은 언제나 그윽한 신비입니다.

이 세상이 생겨났다는 것, 그 세상에 수많은 생명들이 피어나고 마침내 사람까지 생겨났다는 이 사실, 언뜻 보면 평범할 수 있지만 이것은 기적 중의 기적입니다.

과학자들은 말합니다. 생명세계가 열리고 거기에 사람이 살고 있다는 사실은 기적일 수밖에 없으니, 쓰레기더미 위로 큰 바람이 불어와 그 쓰레기들이 이리 날리고 저리 흩어지다가 모인 것이 비행기가 될 확률만큼이나 희박한 것이라고…….

그렇게 우리가 살아 있고, 살아갑니다.

그 가운데 인류가 지성을 향한 걸음을 시작했습니다. 그리고 어느 눈밝은 이가 '차축시대(Achsenzeit)'라고 말한 기원전 800년에서 200년 사이에 일어났다는 여러 가지 일들은 인류사에 촛불이 켜지는 시기였습니다.

사람이 왜 사람이며 어떻게 살아야 사람답게 살아가는 것인지를 말하기 시작했다는 사실은 그 인류에게 큰 지적 재산이 쌓이기 시작한 또 하나의 사건이었습니다.

그 중의 하나로 『도덕경』이 있습니다.

『도덕경』은 인류가 갖고 있는 여러 보물들 가운데 하나입니다. 『도덕경』이 있는 시대에 살고 있다는 것은 큰 복입니다. 그런데도 이 보물이 제대로 가치를 인정받고 있지는 못합니다. 본문이 한자어로 되어 있다는 것, 경전이라는 것이 어렵거나 현실적이지 않을 수 있다는 인식도 한몫하는 듯 싶습니다.

오늘의 현실에서 우리는 이 소중한 보물이 제대로 된 기능을 할 수 있는 길을 열 필요가 있습니다.

다행히 많은 이들이 『도덕경』 해설서를 낸 것은 참 고마운 일, 그러면서 이 보물이 조금씩 우리에게 가까워졌기 때문입니다.

이 큰 가르침은 중국이라는 한 지역에서 대략 2500년 전에 생겨났다고 합니다. 그렇다고 이것이 중국의 것으로 그친 건 아니고, 오히려 온 인류의 것이 되었습니다. 자신들이 문명의 중심이라고 착각하고 있던 서구의 사람들조차도 이 가르침에 눈길을 주고 있다는 이야기를 듣습니다.

이런 『도덕경』에 대한 글을 쓴다는 것은 쉽지 않습니다. 이미 이에 대한 수많은 책들이 나와 있습니다. 그 많은 책들 가운데 마음에 드는 것 하나를 구해서 읽으면 될 일로 보이는 까닭입니다. 거기다 '또 하나의 『도덕경』 관련 책'을 낸다는 것은 자칫 일을 혼란스럽게 하는 것에 그치지 않을 수 있으니 말입니다. 마치 누군가 그려놓은 뱀 그림이 마음에 안 든다고 거기에 수많은 다리를 그리다가 뱀도 아니고 지네도 아닌 그런 그림이 되게 하는 짓과 같을 수 있습니다.

그럼에도 이에 대해서 굳이 다시 글을 쓰기로 한 데에는 나름의 이유가 있습니다. 우리의 소중한 보물을 닦아 제 빛을 내도록 하는 일이라고 판단한 것입니다. 그리하여 소중한 것이 더욱 산뜻하게 드러날 수 있으면 좋겠다는 바람, 이 뜻이 성공을 거둘 수 있을 것인지 자신이 있는 것은 아닙니다.

말을 마치기 전에 해야 할 꼭 기억해 두면 좋을 두 가지 일이 있어 덧붙입니다. 하나는 우리가 지금 들고 있는 왕필본 이전의 문서가 있다는 사실, 그 하나는 곽점초묘를 발굴했을 때 나온 왕필본보다 훨씬 이전 세대의 것으로 보이는 아주 단순한 문서가 있는데 이것을 보통 '초간노자'라고 부릅니다.

그 다음에는 마왕퇴 유적을 발굴하면서 쏟아져 나온 보물들입니다. 때로 훼손이 심한 것도 있지만 상태가 좋은 것은 거의 현재의 『도덕경』 본(本)과 가까운 것들도 있습니다. 각각 갑본(甲本), 을본(乙本), 병본(丙本)으로 부르는 것인데 비단에 쓰인 것이라고 하여 '백서노자'라고 부릅니다.

이 두 가지 사실은 『도덕경』이라는 인류의 큰 재산이 한순간에 형성된 것이 아니라 오랜 기간 동안 전승이라는 과정을 거쳐 왔음을 짐작하게 합니다. 그렇게 전승되는 동안 초기의 간단한 것이 조금씩 수정되기도 하고 보완되기도 하면서 마침내 오늘의 『도덕경』이라는 것이 완성되었다는 점입니다.

이후 『도덕경』은 중국의 역사와 문화를 구성하는 데 있어 아주 중요한 역할을 했습니다. 특히 『도덕경』을 중심으로 해서 형성된 도가(道家)라고 부르기도 하는 도교(道教)는 절망적인 시대를 힘겹게 살아가는 이들이 기댈 수 있는 큰 언덕이기도 했고 희망의 근거가 되기도 했다는 것까지를 말해야 할 것 같습니다.

이제 나머지는 모두 읽는 이에게 맡기고 어쩌면 무모하고 어리석다고 할 수도 있을 이야기를 펼쳐내 보고자 합니다.

노자는 어떤 사람인가

『도덕경』을 썼다는 '노자(老子)'가 실존인물인지 아닌지를 지금 말한다는 것은 간단한 일이 아닙니다. 다만 굳이 말한다면 『도덕경』이 발생한 자리에 그런 사람이 있었다고는 말할 수 있을 듯합니다.

이후 이 어른은 엄청나게 그 존재에 대한 이야기가 부풀려집니다. 나중에는 태상노군(太上老君)이라고 불리면서 신격화됩니다. 노자와 그를 따른다는 이들이 자연스럽게 그 따르는 길을 종교로 승화시켜 도교(道教)라는 이름도 갖게 됩니다. 그 배경에는 언제나 담백하게 한 삶을 산 한 스승의 그림자가 드리워져 있습니다.

그분 또한 다른 이들처럼 현재의 제도라든가 가치관이 어떻게 형성되고 그 장점은 무엇이고 문제점과 한계는 무엇인지를 잘 알고 있습니다. 그렇다고 현재의 제도나 질서를 직접 부정하는 과격한 형식을 띄지 않았다는 것은 『도덕경』 전체를 통해 드러나고 있습니다.

그럼에도 불구하고 그의 가르침은 어떤 이가 말한 바와 같이 바퀴 하나가 만들어지는 것을 보고 핵무기의 위험을 예견하고 경계했다는 겁니다. 모든 존재의 무게가 우주와 맞먹는 가치를 지닌다는 말은 위대함을 넘어섭니다. 그렇기 때문에 모든 것에 대한 존경의 마음가짐으로 살지 않는다면 그것은 제대로 사는 것이 아니라는 생각을 갖고 있던 인류의 스승, 그분이 바로 노자였습니다.

그분에 대한 기록으로 사마천의 『사기(史記)』를 꼽을 수 있는데 그에 따르면 '노자'라는 이는 초(楚)나라 고현(苦縣)의 여향(厲鄕) 곡인리(曲仁里) 사람으로 성은 이(李)씨, 이름은 이(耳)였으며 자(字)는 담(聃)이라고 했으며, 주(周)나라에서 도서관리인으로 살았다고 합니다.

덧붙이고 싶은 말 하나가 있습니다.

이 큰 가르침을 펼친 어른은 2500년 전에 이 땅에 살다 간 분이 아니라 그분의 가르침을 따르려 길을 나선 모든 이들의 가슴에 태어나시는 분이라는 사실입니다.

큰 가르침으로 모시는 말

타는 목마름으로 불볕 쏟아지는 길을 걸어본 적이 있는지요?

쫓아오는 이 아무도 없는데도 마냥 쫓기며 허둥대본 적은 있는지요?

온 세상에 꽃들이 가득하게 피고 새들 노래하는 날 치열하게 혼자, 다만 아무도 없는 혼자, 그런 고독의 늪에 빠져 본 적이 있는지요?

다들 신이 나 떠들고 노래하며 춤을 추는데 좌절과 절망으로 눈물 흘리면서 존재의 의미를 생각해 본 일이 없는 사람이 있을까 싶습니다.

그 견딜 수 없는 아픔과 앞 내다보이지 않는 어둠으로 가득한 가슴, 그때 올려다본 하늘엔 내 감정이나 상황과는 아무 상관 없는 듯 늘 시리도록 푸르고 해는 이글거렸습니다.

자신이 사람이라는 사실이 곧 슬픔이라는 것을 확인한 순간들, 또는 끝없는 모순과 질곡의 세월이 거듭되는 동안 이 세상 모든 좋은 것들은 다른 사람들 특히 악인의 소유라는 생각이 들었던 세월들도 있었을 것입니다.

그럼에도 어깨 위에 머리를 얹고 사는 존재의 의미를 놓치지 않고 사는 이들이 있다면 나는 그런 이들을 두고 '거룩한 사람들'이라고 말할 것입니다.

인류를 일깨운 사상과 가치관의 역사는 그 어떤 경우에도 이 거룩함을 포기하지 않은 이들에 의해 그들의 눈물, 땀, 피, 그리고 스러져간 목숨까지, 그로 인해 이루어져 왔다는 것을 곳곳에서 보는 것은 아픔인 동시에 기쁨입니다. 그게 바로 깜깜한 밤길을 가슴 졸이며 걷다가 만나게 되는 작은 불빛과 같은 그 무엇, 나는 그런 것을 일러 '진리'라고 말합니다.

내가 '옛늙은이'라고 말하는 큰 어른 '노자'의 『도덕경』은, 삶의 의미와 존재의 가치가 제대로 자리잡지 못해서 혼란스럽던 시절 손에 든 그날부터 서른 해 가까이 되도록 놓지 못하는 책이 되었습니다. 아니, 결코 손에서 내려놓을 수 없는 향기로운 불빛이었습니다. 눈에서 머리로, 다시 머리에서 가슴으로 들어와 내 온몸을 타고 흐르는 그 고운 향기의 이름을 몰라 안타깝던 시간들이 있었습니다.

그리고 어느 날 나는 그 고운 향기를 뿜어내는 것이 무엇인지를 알았습니다.

그 향기의 이름은 바로 '생명의 진실'과 '더 나은 세상을 향한 전망'이었습니다.

그 이야기를 나누려고 내가 읽은 『도덕경』의 이야기를 함께 주고받을 사람을 향해 손을 내밉니다.

아직은 서툴지만 내 앞에 펼쳐진 길을 가면서…….

첫째 마당

큰 가르침으로 들어섬

모든 존재는 그 자체로 신비이고

자연은 아름다우며

살아간다는 것은 황홀한 일입니다.

하나

노자의 아침

글마루[1]

道[2]可道非常道(도가도비상도)요 名可名非常名(명가명비상명)이라.

無(무)는 名天地之始(명천지지시)요 有(유)는 名萬物之母(명만물지모)라.

故(고)로 常無(상무)로 欲以觀其妙(욕이관기묘)하고 常有(상유)로 欲以觀其徼(욕이관기요)니

此兩者(차양자)는 同出而異名(동출이이명)이요 同謂之玄(동위지현)이니 玄之又玄(현지우현)함에 衆妙之門(중묘지문)이니라.

풀이

도를 도라고 말하는 순간 도가 아닐 수 있고,

무엇엔가 이름을 붙이는 그 자리가 그것의 본질이 왜곡되는 지점일 수

1) 글마루는 '제목'의 우리말입니다.

2) 도덕경에서 말하는 道(도)는 어떤 단일 존재의 현상과 배후, 그 존재의 다차원적 의미까지를 포함하는 가치, 그리고 그 모든 존재들의 관계로부터 풀려나오는 순환구조를 갖는 생명질서까지를 포함하는 것으로 보면 될 것입니다. 이를 말하려고 '도라고 말하는 순간 도의 의미가 축소되거나 왜곡될 수 있는 위험'을 경계하면서 이야기를 시작했다고 읽으면 크게 무리가 없을 것입니다.

있다.

이름 붙일 수 없는 만물의 시작점
이름을 붙인 것이 그 모든 것의 성질을 따르려 했던 것
이름 이전을 살펴 그 오묘함에 이를 수 있고,
이름 이후에라도 (성실하면) 그 현상을 읽을 수 있다.

이 둘은 나온 곳은 하나이나 이름이 다를 뿐이요,
둘 다 근원을 더듬어 짐작하기 어려운 것이니,
아득하고 가물가물하나
모든 오묘함이 들고 나는 문이 된다.

이야기

모든 아침은 언제나 새롭습니다.
단지 새롭다고 말하는 것으로는 좀 모자라
신비롭다는 말을 덧붙입니다.

아침을 새로움으로 맞이할 수 없는 이들이 있습니다.
그분도 그런 날들을 경험했습니다.
마침내 그 슬픔과 절망을 극복한 자리,

말로 다할 수 없는 새로움과

이름을 붙일 때 오히려 어색한 신비로움을
아침으로 받을 수 없는 이들을 위해
노래 하나를 부릅니다.

많은 말을 더 하고 싶지만
말을 한다는 것이 의미를 희석시키거나 왜곡할 수 있으니
이쯤에서 입을 닫고자 하는데
여기서 만나게 되는 옛늙은이의 아침,

보세요.
그분의 아침이 곧 당신의 아침입니다.

둘

질그릇에 담긴 보배

글마루

天下(천하)가 皆知美之爲美(개지미지위미)는 斯惡已(사악이)요 皆知善之爲善(개지선지위선)은 斯不善已(사불선이)니라.

故(고)로 有無相生(유무상생)하고 難易相成(난이상성)하며 長短相較(장단상교)하고 高下相傾(고하상경)하며 音聲相和(음성상화)하고 前後相隨(전후상수)니

是以(시이)로 聖人[3](성인)은 處無爲之事(처무위지사)하고 行不言之教(행불언지교)하며 萬物作焉而不辭(만물작언이불사)하니

生而不有(생이불유)요 爲而不恃(위이불시)하며 功成而弗居(공성이불거)니 夫唯不居(부유불거)요 是以(시이)로 不去(불거)니라.

풀이

온 세상이 다 아름답다고 여기며 아름답다고 하는 것은
사실은 추한 것이고,

---

3) 나는 聖人(성인)을 '제대로 사는 이'라고 풀이합니다. 『도덕경』의 聖人은 유가나 일반적으로 이해되고 있는 聖人과 많이 다르다고 보는 까닭입니다.

모두가 잘하는 짓이라고 하며 잘한다고 아는 것은
결국은 잘못하는 것이다.

있음과 없음이 어우러져 모든 것이 생겨나고
어려운 것과 쉬운 것이 어우러져 일을 이루며,
긴 것과 짧은 것이 어우러져 모양이 갖춰지고
높은 것과 낮은 것이 서로 어우러지며 제 몫을 다하며,
소리와 가락이 어우러져 노래를 이루고
앞과 뒤가 어우러져 꼴을 갖추니

그러므로 제대로 사는 이는 일없는 일에 머물고
말 없는 말로 가르치고 실천하며
모든 것을 이루되 생색을 내지 않으니
낳았지만 소유하지 않고 일을 했지만 뽐내지 않으며
공을 이루었다고 거기 머물지 않으니
도대체 거기 머물 뜻을 갖지 않아
그러므로 잃는 것이 아무 것도 없다.

이야기

철없을 때 '질그릇에 담긴 보배'라는 말을 들은 적이 있습니다.
별 분석 없이 그럴 수도 있겠다고 생각했고
보배를 담은 질그릇으로 살 수 있는 방법을 배우려고

무던히도 애를 썼습니다.

살아오면서 엄청나게도 많은 것들을 보았는데
자신의 보배를 질그릇에 담는 사람은 없다는 것,
오히려 그 보배보다 더 화려해 보이는 그릇을 장만하려 한다는 것
그런데 그런 것을 가지려고 하는 이들의 속에
인간에 대한 존중이나
타인에 대한 배려는 없고
오히려 그것들을 지니거나, 지키는 일로
다른 사람을 짓밟거나 업신여겨
지니고 있는 것까지 천박해지는 현장은 참 많이도 보았습니다.

보배란 다름 아닌 가치의 문제라는 것
결국 형식은 내용을 담는 그릇일 뿐이라는 것
그것을 알아차린 그 자리에서
시간을 건너뛰어 내 앞에 훌쩍 나타난 옛늙은이,

그윽하게 웃고 있으니
어찌 따라 나서지 않을 수 있겠습니까?

셋

다수의 사람들이 그 시대의 중심

글마루

不尙賢(불상현)하여 使民不爭(사민부쟁)하며 不貴難得之貨(불귀난득지화)하여 使民不爲盜(사민불위도)하며 不見可欲(불견가욕)하여 使民心不亂(사민심불란)하라.

是以(시이)로 聖人之治(성인지치)는 虛其心(허기심)하고 實其腹[4](실기복)하며 弱其志(약기지)하고 强其骨(강기골)하여 常使民(상사민)으로 無知無欲(무지무욕)하고 使夫智者(사부지자)로 不敢爲也(불감위야)니

爲無爲(위무위)면 則無不治(즉무불치)니라.

풀이

탁월한 것을 추켜세워 사람들이 서로 경쟁하게 하지 말 일이며,

얻기 어려운 재물을 귀하게 여겨 사람들이 도둑질하지 않게 하며,

4) 여기서 心(심)과 腹(복)을 짚을 필요가 있습니다. 내가 이해한 것은 횡격막을 중심으로 하여 그 위를 心(심), 아래를 腹(복)으로 말한 것으로 보입니다. 그래야 虛心實腹(허심실복)이라는 말이 '어깨에 힘을 빼고 바른 숨을 쉬라'는 말로 정확하게 이해가 됩니다.

욕심 일으키는 것을 보여주지 말아서 사람들의 마음이 어지러워지지 않도록 하라.

그러므로 제대로 된 삶은 가슴은 비우고 배를 든든하게 채우며,
목적보다 눈앞의 현실을 중요하게 여김으로
사람들에게 지식이 중요하다고 하지 않고 욕구의 본질을 바로 보게 하며
많이 아는 사람에게 일을 맡기는 무모함을 저지르지 않는 법,

자연스러움만을 추구한다면
안 이루어지는 일이 없다.

이야기

많은 이들이 으뜸이 되는 것을 좋아합니다.
그렇게 되려고 힘을 다하고
자기가 그렇게 되지 못했을 때는
자식이라도 그렇게 되도록 하려고 엄청나게 애를 씁니다.

그들 안에서 일어나는 착각,
으뜸이 세상을 이끌어가고
으뜸이 세상을 지배한다는 생각입니다.

세상을 이끌어가는 그 시대의 중심은

으뜸이 아니라, 다수의 사람들
그러니까 대략 7할 정도의 사람들이고
그들이 역사를 이끌어갑니다.

혹시 으뜸가는 이들이 있다면
그 다수의 사람들을 대표하거나,
그들이 지니고 있는 희망이나 문제를 해결, 또는 해소하는 역할이면 괜찮겠지만
다스리거나 지배하려 한다면
결국은 그 자신은 극단적 소외에 빠지고
사회는 혼란스러워질 수밖에 없습니다.

다수가 세상의 중심이 되고
그 다수와 함께하는 으뜸이
뒤처지는 이들까지 끌어안아 비로소 상생인 세상

그리하여 으뜸과 다수가 함께하여
뒤처지던 이들이 빛나게 되는 조화로움

한마디로 말하면
일하는 사람들이 그 시대의 중심이라는 말일 터,
'일하는 사람'이라는 말을 두고도
'근로자'라고 말하려고 애를 쓰는 이들과
'노동자'라고 말하는 것이 옳다고 하는 이들이 아직도 대립하고 있는 상황인데

일이라는 것은 기본적으로 손과 발을 써서 무엇인가를 생산하는 것,
그것이 기본이 되고 그 일을 사회의 기둥으로 삼을 때
그 미래는 희망의 불빛이 나날이 찬란해질 터이니

일하는 이들이 그 시대의 바탕이라는 것을 기반으로 하여
제도와 법률이 만들어지고
그 운영이 제정 정신에 입각하여 이루어질 때
그런 사회를 건강한 사회라고 할 수 있겠는데

아직은 멀지만 반드시 이루어야 할,
그리고 오늘을 사는 이들의 보편적 희망이 바로
여기에 있어야 한다는 것,
그러면 어둡던 미래라는 하늘에
찬란한 별들이 하나둘 송송 떠오르지 않겠습니까?

마치 한여름 노동자의 이마에 땀이 맺히는 것처럼…….

넷

비어 있으나 채우려 하지 않는

글마루

道冲(도충)이나 而用之(이용지)에도 或不盈(혹불영)이라.

淵兮(연혜)여 似萬物之宗(사만물지종)이니 挫其銳(좌기예)하고 解其紛(해기분)하며 和其光(화기광)이나 同其塵(동기진)이라.

湛兮(담혜)여 似或存(사혹존)이라.

吾不知誰之子(오부지수지자)나 象帝之先(상제지선)이라.

풀이

道(도)라고 하는 것은 비어 있지만
그 쓰임에 있어서도 언제나 채우려고 하지 않더라.

그윽하여라.
모든 것의 바탕이여.

날카로운 것은 무디게 하고, 얽힌 것은 풀며,
빛과 더불어 있으나 티끌과 한가지로 살아가네.

그 맑음이 언제까지나 사라지지 않으니
나는 그가 누구로부터 나왔는지 모르지만
모든 근원보다 더 먼저라는 것은 알지.

이야기

지식이나 지위에 탐욕이 결합할 때의 위험을
모르는 사람은 없을 줄 압니다.
그러므로 지식이나 지위의 바탕에는
사람이 왜 사람인지를 묻는 물음이 자리잡고 있어야 합니다.

위험한 지식인, 그런 위험한 지식인이 되려는 꿈을 꾸는 사람들
포악한 재벌, 그런 재벌이 되려고 몸부림치는 사람들
거기에는 탐욕을 자연스러운 인간의 구성요인으로 보는
인간 본성에 대한 치명적 오해가 있습니다.

그로 인해 발생한 헤아릴 수 없는 인류사의 비극
오늘도 곳곳에서 얼굴을 내미는 모순과 질곡의 역사
결코 탐욕은 생명의 본질을 구성하는 요소들 중 하나가 아니라
인류가 살아오면서 끼어든 불행을 만드는 씨앗이라는 점은
반드시 말하고 넘어가야 할 듯합니다.

탐욕을 내려놓는 바로 그 비움,
글쎄, 옛늙은이의 충(沖)은 그보다 더 큰 비움을 말하는 것이겠으나
오늘 우리의 상황을 볼 때
이 정도의 비움만 지니고 있어도 넉넉하지 않겠는가 싶습니다.

거기서 자신과 세계에 대한 물음을 내려놓지 않는
끊임없는 성찰의 길이 열린다면
지식이 지성으로 이어지고, 지성이 인격적 제련(製鍊)을 거쳐
마침내 지혜가 되는,
그것이 인간이 추구해야 할 최고의 자리라는 것이
보편적 가치의 중심을 이루어 바람이 되고 물결을 이룬다면

마침내 옛늙은이가 노래하던
바로 그 비움의 자리까지도 갈 수 있는 길이
거기서 열리게 될 터,

꿈꾸는 것만으로도 황홀한 일입니다.

다섯

신이 네 편이더냐?

글마루

天地(천지)는 不仁(불인)하니 以萬物(이만물)을 爲芻狗[5](위추구)하느니라.

聖人(성인)도 不仁(불인)하니 以百姓(이백성)을 爲芻狗(위추구)하느니라.

天地之間(천지지간)은 其猶橐籥乎(기유탁약호)니 虛而(허이)라도 不屈(불굴)하고 動而(동이)이면 愈出(유출)하니

多言(다언)이면 數窮(삭궁)이요 不如守中(불여수중이니라).

풀이

자연은 어질지만은 않으니

모든 것들을 풀강아지처럼 여기더라.

제대로 사는 이 또한 어질지만은 않으니,

모든 사람들을 풀강아지 보듯 한다.

---

5) '풀강아지'라고 옮기는 '芻狗(추구)'는 중국의 제사에서 쓰이는 '풀로 만든 강아지'라고 하는데, 우리나라의 굿에서 쓰는 '제웅'과 비슷한 것입니다. 여기서 말하는 '풀강아지'는 제사가 끝나면 길에 내다가 버렸다고 하는데, 그 '길에 버려진 풀강아지'라고 합니다. 덧붙이면 '아무짝에도 쓸 데가 없는 것'이라는 겁니다.

자연과 자연의 관계를 보면
풀무나 피리와도 같다 할 수 있는데,
텅 빈 것처럼 보이지만 꺾이지 않고, 꿈틀댈 때마다 생명들이 피어나니

많은 말로 이를 설명하려고 하면 자주 곤란하게 될 터,
그 중심을 지키는 것이 바르게 가는 길이더라.

이야기

자기 신앙에 충실하다고 하는 어떤 이가
그 종교지도자에게 와서 묻습니다.

"나는 신을 모시고 살았다고 생각하는데
왜 내 삶이 이렇게 안 풀리고
살아간다는 것이 어렵기만 한지 모르겠습니다."

그가 마음 기대던 종교지도자가 묻습니다.
"너는 신이 네 편이었으면 좋겠다고 생각한 건 아니냐?"
그가 대답합니다.
"당연히 그래야 하는 게 아닙니까?"

묻던 이가 웃으면서 넌지시 던지는 말,

"신이 네 편을 들어주지 않는 것을 서운하게 여기지 말아라.
다만 네가 두려워해야 할 것이 있으니
그건 바로 네가 신의 뜻에서 벗어나 있는지 아닌지
그걸 염두에 두지 않으면 안 될 터,
네가 하느님이라고 생각한 그 분이
네 편만 들어 준다면
그를 어찌 하느님이라고 말할 수 있겠느냐?"

이 이상
더 무슨 말이 필요하겠습니까?

여섯

여성 숭배자였던 옛늙은이

글마루

谷神不死(곡신불사)니 是謂玄牝(시위현빈)이요

玄牝之門(현빈지문)은 是謂天地根(시위천지근)이니 綿綿若存(면면약존)하여 用之不勤(용지불근)이니라.

풀이

여성의 몸은 죽는 것이 아니니
이를 일러 현묘한 여성됨이라고 할 수 있을 터
그 여성의 문이야말로
모든 생명의 뿌리가 되어

끊임없이 잇고 또 이어지면서
아무리 써도 지치지 않는다.

이야기

한 젊은이가 노인을 찾아와 묻습니다.

"그동안 가르쳐 주시길
여성이 영원하다는 것은
단지 물리적인 시간에 있어서의 무궁함을 말하는 것이 아니라
그가 모든 존재의 바탕이라고 말씀하셨습니다."

노인이 빙그레 웃으며 말합니다.

"내가 그렇게 말하기는 했다만
어디 그게 여성에 대해 모든 것을 다 말한 것이겠느냐?"

"그럼, 무엇이 더 있습니까?"

"여성이라는 존재가 수백만 년 인간의 역사 안에서
인류 번영의 기반이 된 것은 사실이지만,
그 여성에 대한 관점은 늘 변하고 또 진보하면서 여기까지 왔다는 것,
그 수백만 년의 변화 속에서
온갖 영욕(榮辱)은 말할 것도 없고
그 끊임없는 생명력으로 인류사의 진보까지 담고 있는 치마 속의 사연을
내가 다 읽겠느냐, 아니면 네가 다 알겠느냐?"

젊은이의 흔들리는 시선,
거기에 한마디 덧붙이는 노인의 말

"다만 우리를 따름이니
거기서 생명의 춤사위를 본다면 그것으로 족하지 않겠느냐?"

일곱

저만 살려고 하다가는

글마루

天長地久(천장지구)라.

天地(천지)가 所以(소이)로 能長且久者(능장차구자)임은 以其不自生(이기부자생)이니

故(고)로 能(능)히 長生(장생)하느니라.

是以(시이)로 聖人(성인)은 後其身而(후기신이)이나 身先(신선)하고 外其身而(외기신이)이나 身存(이신존)하니 非以其無私耶(비이기무사야)인가

故(고)로 能成其私(능성기사)니라.

풀이

하늘의 일은 다함이 없고
땅의 일은 그침이 없다.

천지가 이처럼 넉넉히 길고 오래일 수 있는 것은
제 삶을 도모하지 않기 때문이니,
그래서 넉넉히 오래 살 수 있는 것이다.

이처럼 제대로 살아가는 이도
제 몸을 뒤에 둠으로 마침내 앞에 서는 때를 얻고,
제 몸을 아끼지 않아
참으로 살아남을 수 있으니
이것은 사적인 것이 없기 때문이 아니겠는가.

그러므로 마침내
사적인 것까지 모두 이룰 수 있는 것이다.

이야기

올바른 공부란 무엇인지를 헤아리게 하는 가르침입니다.
제대로 살아가는 길을 배우는 건데
흔히 오래 사는 길에 대한 이야기로 듣기 쉬운,
그런 가르침처럼 보이기도 합니다.

옛늙은이의 글을 읽을 때 경계해야 할 일 중 하나
얼른 겉으로 드러나는 의미에 빠지지 말 것!
그 껍데기만 핥아가지고야
알맹이의 맛을 모른다는 사실까지 모를 이는 없을 터이니
그 속에 담고 있는 이야기를 들을 줄 아는 게 필요하다는 말입니다.

하늘과 땅의 영원함을 닮으려 한다고 해서
그것으로 성공할 수 있는 생명이란 이 세상에 하나도 없음을 헤아리면
그 다음 이야기를 들을 수 있는 길이 얼굴을 내미는 것을 볼 수 있으니
오래 사는 것이 문제가 아니라
오래도록 남을 만한 일을 하는 것이 중요하다는 것,

내게 그런 것을 이야기할 자격이 있다고 말하기에는
아직 설익었다는 것은 모르지 않으나
아마 그런 것이 아니겠는가 싶은 겁니다.

여덟

부작용이 없는 삶

글마루

上善(상선)은 若水(약수)라.

水善(수선)은 利萬物而不爭(이만물이부쟁)하며 處(처)함에는 衆人之所惡(중인지소오)니 故(고)로 幾於道(기어도)니라.

居(거)함에 善地(선지)요 心(심)은 善淵(선연)이며 與(여)함에 善人(선인)하고 言(언)은 善信(선신)이요 正(정)하다는 것은 善治(선치)인 까닭이요 事(사)에는 善能(선능)하고 動(동)함에 善時(선시)인데

夫唯不爭(부유부쟁)하니 故(고)로 無尤(무우)니라.

풀이

정말 제대로 사는 것은 물과 같으니,
물이 제대로 산다는 것은
모든 것에게 이롭게 하면서도 제가 했다는 것이 하나도 없고,
그 머무는 곳은 언제나 모든 사람이 꺼리는 곳이니,
그러므로 도에 가깝다고 할 수 있다.

그 머무는 자리는 언제나 제대로 된 곳이며,
마음 씀은 그윽하고
어울림에는 다사로우며
말은 미덥기만 하고
바르다고 하는 것은 제대로 균형이 잡혀 있으니 그러하고
일은 능숙하며 움직임은 때에 맞는데

도무지 다투려고 하지 않으니,
그러므로 뒤탈이 없다.

이야기

무엇인가를 남보다 잘하는 것을 일러
능력이라고 합니다.
그런 사람은 세상을 살아가는 데 있어
다른 사람보다 훨씬 유리한 것이 틀림없는 일이고
그래서 그 능력을 키우는 것이야말로
모든 교육의 기본이어야 합니다.

그런데 이에 대해 부정적인 우리 옛 속담이 하나 있으니
'열 가지 재주 가진 놈 끼니 간데없다'는 것,
많은 능력을 가진 사람이 밥 굶기 딱 좋다는 말인데
어쩌면 남의 밥그릇 빼앗기 유리하니

그게 바로 위험한 거라는 뜻일 수도 있고
이것저것 다 잘하다 보니 꾸준히 한 가지 일에 매달리지 않고
조금 불편하거나 싫으면 그만두고 다른 일을 찾아다니다가
좋은 시절을 그냥 흘려보내는 수가 많다는 말일 수도 있습니다.

그러나 옛늙은이의 가르침은 그런 것과는 다른 차원입니다.
참으로 잘하는 능력이라고 하는 것은
그가 스스로 잘한다는 그것조차도 생각하지 않고
오직 제가 할 수 있는 일을 묵묵히 하고,
그렇게 한 일이 워낙 탄탄하기도 할뿐더러
다른 이에게 부담이나 불편이 되지도 않아
시샘의 건덕지도 남기지 않는 그런 일이라는 말,

물 흐르듯
물 흐르듯
물 흐르듯…….

아홉

세상에 백 점은 없습니다

글마루

持而盈之(지이영지)는 不如其已(불여기이)하고 揣而銳之(췌이예지)하면 不可長保(불가장보)며 金玉(금옥)이 滿堂(만당)이면 莫之能守(막지능수)요 富貴而驕(부귀이교)면 自遺其咎(자유기구)하니

功遂身退(공수신퇴)는 天之道(천지도)니라.

풀이

지니고 있으면서 채우려고 하는 것은
그만두느니만 못하고
이미 날카로운데 더 날을 세우려 하면
지켜 보존할 수 없으며
재산이 집안에 가득하면 능히 지켜낼 수 없는 법,
부귀에 교만하기까지 하면
스스로 근심거리를 남길 수밖에 없으니

일이 이루어졌을 때 물러나는 것이야말로

하늘이 보여주는 가르침이더라.

이야기

학교에 다닐 때 중요한 일은
아무래도 시험을 보는 게 아닐까 싶습니다.

그 시험 중에 도무지 이해가 안 가는 일이 하나 있었습니다.
국어시험이었는데
똑같은 시험을 세 번이나 본 일이 있었습니다.

처음 시험에 백 점을 맞은 아이들 몇 명,
그 다음 시험에 백 점을 맞은 아이들 열 몇 명,
그리고 세 번째 시험에서는 웬만한 아이들은 다 백 점이었습니다.

시험에서 백 점을 내는 일
그리고 그렇게 백점을 맞았을 때의 기쁨은
성취감이라는 점에서 엄청난 동기부여였다는 것을 알아차린 것은
적지 않은 세월이 지난 다음이었습니다.

그리고 살면서 배운 것이 하나 더 있으니
인생에는 결코 백 점이란 없다는 것,
우주도 완전한 것이 아니어서 새로운 별이 끊임없이 태어나고

늙은 별은 사라진다는 사실,

그렇습니다.
무엇인가를 쥐었으면
그걸 써야지 더 쥐려고 하는 데서 병폐가 온다는 것,
백 점을 맞을 일이 아니라, 백이 되기 전에 먼저 써야 한다는 것,

그것만 알면 세상을 살아가는 일이
그만큼 부드럽지 않을는지요?

열

균형과 조화

글마루

載營[6]魄抱一(재영백포일)하여 能無離乎(능무리호)인가.

專氣致柔(전기치유)하여 能嬰兒乎(능영아호)인가.

滌除玄覽(척제현람)하여 能無疵乎(능무자호)이겠는가.

愛民治國(애민치국)하여 能無知乎(능무지호)하겠는가.

天門開闔(천문개합)하여 能無雌乎(능무자호)인가.

明白四達(명백사달)하여 能無爲乎(능무위호)하겠는가.

生之畜之(생지축지)에 生而不有(생이불유)하고 爲而不恃(위이불시)하며 長而不宰(장이부재)면 是謂玄德(시위현덕)이니라.

풀이

영(혼)과 백이 서로 어우러져
떨어지지 않는 하나일 수 없는가.

---

6) 이 글자는 '靈(영)'의 뜻으로 읽는 것이 옳다고들 합니다.

기운을 오롯이 하여 부드러움에 이르러
어린아이처럼 될 수 있겠는가.

마음의 거울을 씻고 닦아
티 없이 할 수 없는가.
사람을 사랑하고 일을 도모함에
잔꾀를 부리지 않을 수 있겠는가.

하늘 문이 열리고 닫히는데
생명 어머니의 그러함처럼 맞이하고 보낼 수 있겠는가.
모든 것을 다 깨달아
억지를 부리지 않을 수 있겠는가?

낳고 기르되
낳았다고 제 것이라 하지 않고
한 일을 제가 했다고 하지 않으며,
위에 있다고 다스리려 하지 않는다면
이것이 바로 그윽한 덕이라고 할 수 있을 것이다.

이야기

안으로는 균형을 이루어 거기에 때가 끼지 않게 하고
밖의 세계와는 조화를 이루어

생명의 순환질서에 어긋나지 않아
물 흐르듯 자연스럽게 살아갈 수 있겠느냐는 물음입니다.

내적 균형의 따뜻하면서도 부드러운 안정감과
외부 세계와 조화로움으로 드러나는 그윽한 아름다움,
그러면서 안으로는 티없이 맑고
밖의 세계와는 어긋나거나 어느 한쪽이 깨지거나 무너짐이 없는 삶,

그렇게 살아가면서 이루어지는 일들과
거기서 생기는 갖가지 바람직한 결과들을
소유하지 않을 수 있는 넉넉함까지.

이것이야말로 살면서 지닐 수 있는,
그리고 그 누구도 훔치거나 빼앗을 수 없는
참 좋은 재산이라는 노래를 듣는 달착지근한 즐거움!
여기에 인간의 천박한 소유욕이 머물 자리는 없습니다.

다 내어주고도 오히려 부유한
그 무엇도 자기 것이라고 우기지 않는 너그러움,
하늘과 바람과 물과 어머니의 마음이
어떤 것인지를 조금 더 알아차리게 하는,
힘들게 하거나 강요하지 않아
오히려 귀 기울이게 하는 알뜰한 가르침입니다.

열하나

비움과 없음, 거기 와서 저절로 담기는

글마루

三十輻(삼십폭)이 共一轂(공일곡)인데 當其無(당기무)하여 有車之用(유거지용)하고

埏埴(연식)으로 以爲器(이위기)지만 當其無(당기무)하여 有器之用(유기지용)이며

鑿戶牖(착호유)하여 以爲室(이위실)이나 當其無(당기무)하여 有室之用(유실지용)이라.

故(고)로 有之(유지)의 以爲利(이위리)는 無之(무지)로 以爲用(이위용)이니라.

풀이

서른 개의 바퀴살이 어우러져 하나의 바퀴를 이루는데
그 비운 곳에 굴대를 꿰어 수레바퀴가 구를 수 있고,

진흙 이겨 그릇을 만들지만
그 빈자리를 두어 그릇 노릇을 할 수 있으며

구멍 뚫어 창을 내어 집을 짓지만
그 빈 데가 있어서 방의 기능을 하게 된다.

그러므로 눈에 보이는 것의 참된 가치는
그 보이는 것으로 인해 생긴 빈자리가 있어
비로소 쓰임새가 생기게 된다.

이야기

빈 곳에 눈길을 주는 헤아림과 살핌이 마냥 그윽하기만 합니다.
높이는 얼마이고, 너비는 또 얼마며
거기에 새겨 넣은 무늬에 들어간 정성이나
이런 저런 장식들의 아름다움 같은 것에
눈길을 빼앗기는 것이 보통인데 말입니다.

대부분의 사람들이 아무것도 아니라고 하는 그 없음과 빈 곳,
구조물이 중요하지 않은 것은 아니지만
그것이 목적하는 것이 바로 그 빈자리를 만들기 위함임을 볼 줄 알고
거기에 바로 효용이라는 쓰임새가 생긴다는 것,

그러니까 보이는 구조물이 과거에 한 일의 결과라면
구조물을 통해 생겨난 빈자리는
미래에 무엇을 할 것인지를 가늠하게 된다는 것,

눈에 보이는 것이 전부가 아니라
그 보이는 것이 가리키고 있는 손가락질이 빈자리이고
그 빈자리야말로 곧 미래라는 말,
그저 듣고 있기만 해도
입가에 웃음이 괴게 하는 가르침입니다.

열둘

참으로 중요한 것이 무엇인가

글마루

五色(오색)은 令人目盲(영인목맹)하고 五音(오음)은 令人耳聾(영인이롱)하며 五味(오미)는 令人口爽(영인구상)하고 馳騁畋獵(치빙전렵)은 令人心發狂(영인심발광)하며 難得之貨(난득지화)는 令人行妨(영인행방)이니

是以(시이)로 聖人(성인)은 爲腹不爲目(위복불위목)하니 故(고)로 去彼取此(거피취차)하느니라.

풀이

화려한 색깔들은
사람으로 하여금 눈을 멀게 하고,
자극적인 소리들은
사람으로 하여금 귀를 어둡게 하며,
입에 단 음식들은 사람의 입맛을 병들게 하고,
말 달려 사냥하는 짓은
사람의 심성을 미치게 하며,
얻기 어려운 재물은

사람의 발걸음을 흐트러뜨리니,

이런 까닭에 제대로 사는 이는
배를 위하고 눈을 위하지 않으니,
그러므로 저것을 버리고 이것을 취할 힘을 지니게 된다.

이야기

흔히 내가 하는 말로
천사는 자기가 천사라는 명찰을 달고 다니지 않는다는 게 있습니다.
오히려 천사라는 명찰을 달고 있는 것들은
틀림없이 악마라는 말이기도 합니다.

무엇인가 화려한 것이 눈에 띄거나
누군가가 다가와 귀에 부드럽게 와 닿는 말을 들려주거나
입에 달착지근하여 마침내 입맛을 바꾸는 온갖 맛난 것들과
속 후련할 정도로 감정을 자극하는 통쾌해 보이는 일들,
그리고 남이 모두 탐낼 만큼 얻기 어려운 재물을 지니는 것들이
위험하다는 이야기입니다.

판단을 흐리게 하기도 하고
본질적인 것은 놓치고 엉뚱한 것에 삶과 시간을 낭비하게 하며
그로 인해 자신이 파괴되는 것은 말할 것도 없고

다른 이들까지도 황폐하게 할 수 있다는 말인데

제대로 살아가기 위해서는
현상에 눈길을 빼앗겨서 본질을 놓치는 일이 없어야 한다는
준엄한 가르침입니다.

그렇다고 하여 현상이 악이라는 말은 아니고
그것도 중요하고 좋은 일일 수는 있지만
그 때문에 본질을 놓치게 된다면
그때 바로 현상이 악이 된다는 말까지 듣는다면
참된 힘이 무엇인지를
비로소 알 수 있지 않겠는지요?

열셋

중심이 잡혀 있으면

글마루

寵辱若驚[7](총욕약경)하고 貴大患若身(귀대환약신)하라.

何謂寵辱若驚(하위총욕약경)인가, 寵(총)은 爲下(위하)니 得之(득지)에 若驚(약경)하고 失之(실지)에도 若驚(약경)이니 是謂寵辱若驚(시위총욕약경)이니라.

何謂貴大患若身(하위귀대환약신)인가, 吾所以有大患者(오소이유대환자)는 爲吾有身(위오유신)이니 及吾無身(급오무신)에야 吾有何患(오유하환)이겠는가.

故(고)로 貴以身爲天下(귀이신위천하)면 若可寄天下(약가기천하)하고 愛以身爲天下(애이신위천하)하면 若可託天下(약가탁천하)니라.

풀이

칭찬에도 비난에도 담담하고
큰 병이 있거든 그것을 귀히 여기기를
몸을 그리하는 것처럼 하라.

---

7) 寵(총)은 '칭찬'이고, 辱(욕)은 '비난'으로 읽는 것이 자연스럽습니다. 若驚(약경)은 '삼가서 경계하라'는 말인데, 의역을 하여 '담담하라'로 읽었습니다.

무엇을 일러
칭찬에도 비난에도 담담해한다고 하겠는가.
칭찬이라는 것은 결국 깎아내리기 위함이니
얻어도 담담해하고
잃는다 하여 쩔쩔맬 일이 아니니
이를 일러 칭찬에도 비난에도 담담하다고 하는 것이다.

무엇을 두고
큰 병 귀히 여기기를 몸을 그리하는 것처럼 한다고 하겠는가.
내게 큰 병이라고 하는 것이 왔다는 것은
내게 몸이 있는 까닭이니
몸이 없음에야 어찌 병이 있을 수 있겠는가.

그러므로 몸을 귀히 여기듯 제게 맡겨진 일을 소중히 할 줄 아는 사람이라면
천하를 맡길 만하다 할 것이며,
몸을 사랑하듯 그 하고자 하는 일을 소중히 하는 사람이면
천하를 부탁할 만하다고 할 것이다.

이야기

내가 불편해하는 말이 몇 있는데 그 중 하나가

'칭찬은 고래도 춤추게 한다'는 말입니다.
남을 칭찬하는 것이 언제나 미덕이라고 말하는 이들이 많은데
그것이 '언제나' 그렇지 않고
오히려 될 수 있으면 칭찬을 하지 않는 것이 좋다고 보는 까닭입니다.

칭찬을 많이 받으며 자란 사람이 자신감에 넘친다는 것을 모르지는 않으나
그 자신감은 자기 안에서 생기는 것이 아니라
다른 사람의 평가에 의존해서 오는 것인 까닭에
상황이 악화되었을 때 그 상황을 헤쳐 나가는 힘을 갖게 되는 데에는
치명적인 독(毒)이 된다는 점도 볼 만큼은 보고 살았습니다.

일반적으로 불리한 상황이라는 것들은
헤쳐내기만 하면 오히려 다음 일을 풀어갈 수 있는
엄청난 힘이 생기는데,
그렇게 생긴 힘이야말로 살면서 얻을 수 있는 것 중에
무엇과도 바꿀 수 없는 값진 재산이기도 합니다.

같은 맥락에서 보면 비난 또한 마찬가지일 터인데
자신이 떳떳할 때에는
받고 있는 비난이 자신의 것이 아니라
비난하는 사람이 그의 됨됨이를 드러내는 것일 뿐이라는 점은
굳이 말하지 않아도 될 일입니다.

결국 인식체계의 중심이 탄탄하면

살아가는 일이 곧 행복에 이르는 길이 된다는 말,
그리하여 나는 寵辱若驚(총욕약경)이라는 말을
'칭찬에도 비난에도 담담해지기'라고 번역을 합니다.

열넷

그 너머, 혹은 그 뒤

글마루

視之不見(시지불견)하니 名曰夷[8](명왈이)요 聽之不聞(청지불문)이니 名曰希(명왈희)요 搏之不得(박지부득)이니 名曰微(명왈미)라.

此三者(차삼자)는 不可致詰(불가치힐)이니 故(고)로 混而爲一(혼이위일)이니라.

其上不皦(기상불교)하고 其下不昧(기상불매)하며 繩繩(승승)에 不可名(불가명)인데 復歸於無物(복귀어무물)하니 是謂(시위)에 無狀之狀(무상지상)이요 無物之象(무물지상)이라.

是謂(시위)로 恍惚(황홀)이니 迎之(영지)에 不見其首(불견기수)요 隨之(수지)에 不見其後(불견기후)니 執古之道(집고지도)로 以御今之有(이어금지유)면 能知古始(능지고시)요.

是謂(시위)로 道紀(도기)니라.

8) 여기서 夷(이)는 글자의 뜻에 매달리면 본문이 가리키는 곳에서 벗어날 위험이 있습니다. 뒤에 나오는 希(희)와 微(미) 또한 마찬가지로, 이 글자들은 옛늙은이가 자신이 말하고자 하는 어떤 것을 염두에 두고 그 모든 것을 담는 하나의 기호로 사용했다는 것을 헤아리면 본문의 의미에서 벗어나지 않는 이해에 이르게 될 것입니다.

풀이

보아도 못 보는 것이 있으니 이를 일러 夷(이)라 하고,
들어도 들을 수 없는 것이 있으니 이를 일러 希(희)라 하며,
잡았다고 해도 움켜쥐이지 않는 것이 있으니 이를 일러 微(미)라고 한다.

이 셋은 그 궁극을 따져 물을 수 없는 것,
그러므로 모두를 묶어서 하나라고 한다.

그 위라 하여 밝지 않고
그 아래라 하여 어둡지도 않은데
끊임없이 이어지는데도 이름을 붙일 수는 없으며
마침내는 아무도 모를 곳으로 돌아가는 것,

이를 일러 모양 없는 모양이라 하고
눈으로 확인할 수 없는 것의 모습이라 하는데,
이를 굳이 말한다면 그윽한 황홀함이라고 할 수 있다.

그것을 맞이한다고 하여 그 머리를 볼 수 없고
뒤좇아 간다고 해도 꼬리를 볼 수도 없는데,
예로부터 있었던 가르침을 붙잡고
그것으로 지금의 현상을 살핀다고 하면
넉넉히 옛날의 그 첫 자리를 헤아릴 수 있을 터,
이를 일러 도의 앞과 뒤라고 한다.

이야기

오감이라고 하는 감각은 인간의 진화 과정을 고스란히 담고 있습니다.
결국 필요 없다고 여긴 것은 과감히 버리고
꼭 있어야 한다는 판단을 통해 이루어진
선택이라고 하는 과정이 그 안에 담겨 있다는 것은
그리 오래지 않은 지난날 눈 밝은 큰 어른
찰스 다윈이 도태(淘汰)라는 개념으로 설명한 것으로
이제는 웬만한 사람이면 다 아는 이야기입니다.

그렇다고 오감으로 확인할 수 있는 것만 존재한다고 생각하면
그것이야말로 이만저만한 착각이 아니며
거기서 비롯된 실수는
자신의 삶이나 세계에 대한 이해를 균형 잡힌 이해에 이르는데 방해만 될 터이니
결국은 자기 부정이나 자신의 왜곡이 될 수 있다는 것도
잊지 말아야 할 일입니다.

대부분 사람은 세 가지를 보거나 듣거나 느낍니다.
그 하나는 제게 필요한 것
다음은 아는 것,
그리고 마지막은 불편하거나 싫어하는 것입니다.

감각의 속성이 그런 경향을 갖는 것은 나무랄 수 없는 일인데
오감으로 즉석에서 확인하는 것의 그 너머 또는 그 뒤에도
확인할 수 없거나 확인되지 않는 것들이
어마어마하게 많다는 것을 잊지 않는다면
살면서 실수할 일은 그만큼 적을 겁니다.

보이는 것이 앞이라면 보이지 않는 것이 뒤
들리는 것이 여기라면 들리지 않는 것은 저기, 또는 거기
살갗에 와 닿는 것이 현재라면 느껴지지 않는 것은 미래임을 살필 줄 알고
앞과 뒤, 여기와 저기, 그리고 지금과 나중이 함께 고려되고
오감으로 확인되는 것이 사실의 지극히 일부분이라는 것을 헤아릴 줄 안다면
거기서 비로소 사고의 균형 축이 생긴다는 것,
옛늙은이는 이렇게 넌지시 가르치고 있습니다.

열다섯

세상에 쉬운 일이란 없으니

글마루

古之(고지)에 善爲道者(선위도자)는 微妙玄通(미묘현통)하여 深不可識(심불가식)하니 夫唯不可識(부유불가식)이더라.

故(고)로 强爲之容(강위지용)하면 豫焉(예언)이라 若冬涉川(약동섭천)이요 猶兮(유혜)라 若畏四鄰(약외사린)이며 儼兮(엄혜)라 其若客(기약객)하며 渙兮(환혜)라 若氷之將釋(약빙지장석)이며 敦兮(돈혜)라 其若樸[9](기약박)하며 曠兮(광혜)라 其若谷(기약곡)이요 混兮(혼혜)니 其若濁(기약탁)이라.

孰能濁以靜之徐淸(숙능탁이정지서청)하며 孰能安以動之徐生(숙능안이동지서생)하겠는가.

保此道者(보차도자)는 不欲盈(불욕영)이니 夫唯不盈(부유불영)이라.

故(고)로 能蔽不新成(능폐불신성)이니라.

---

9) 樸(박)이라는 이 글자 또한 앞의 夷(이), 希(희), 微(미)처럼 기호로 읽는 것이 좋을 터인데, 『도덕경』 전체를 통해 여러 번 나오는 글자이기도 합니다. '무엇에도 길들이거나 얽어매이지 않아 존재 본연의 자유와 자연스러움을 지니고 있는 것'을 가리키는 것으로 보이는, 『도덕경』 전체를 관통하는 인간이 지녀야 할 큰 덕목으로 말한다고 봅니다.

풀이

예로부터 제대로 사는 이는
깊고 오묘하고 그윽한 깨달음에 이르러 그 깊이를 알 수 없으니
도무지 알 수가 없었다.

그럼에도 굳이 그 삶을 말한다면
삼가함은 겨울 시내를 건너는 것과 같고,
살핌에 있어서는 사방에 조심해야 할 이웃이 있는 것과 같으며,
함부로 살지 않음은 나그네와 같았고,
어질기는 막 풀리려는 얼음과 같았으며,
미덥기는 오로지 자기 자신으로 살아가는 이와 같았고,
그윽하기는 생명의 어머니를 닮았고,
그 풀림은 방금 휘저어 놓은 것과 같았다.

누가 뒤엉킨 것을 가라앉혀 깨끗하게 하고,
또 어떤 이가 움직이지 않는 것과 같은 것을 흔들어 새로운 생명을 낳게 하겠는가.

앞에 말한 깨달음을 품은 이는 채우려 하지 않으니,
도대체 채우려는 뜻이 없다.
그러므로 넉넉히 품을 뿐
무엇인가를 새로 지으려 하지는 않는다.

이야기

삶을 제대로 살아가는 사람이 있다는 말은 언제 들어도 놀랍습니다.
이 세상 모든 사람은 누구나 단 한 번뿐인 삶을 살고
그렇기 때문에 언뜻 비슷비슷해 보이지만
뚜껑 열고 밑바닥까지 들여다보면
모두가 서로 다른 삶의 모습을 지니고 있다는 것,

연습도 없이 이 세상에 와서 곧바로 자기 삶을 살아야 하는 엄혹한 그것,
누구라도 서툴 수밖에 없고
아무리 그럴 듯해 보여도 결국은 실수투성이일 수밖에 없는
그런 게 바로 삶의 진실이라고 생각하는 까닭입니다.

그러니 제대로 살아가는 사람이 있다고 해도
그를 헤아린다는 것이 결코 간단하지 않다는 것은
틀림없는 지적입니다.

억지로라도 그들의 삶을 그려내 본다고 하면서
말머리마다 감탄사를 붙여 서술하는, 제대로 산다는 이의 삶은
그야말로 영락없이
어기적거리고 뒤뚱거리며 두리번거리고 어색하며 낯선 땅을 걸어가는
바로 그런 모습이더라는 겁니다.

그럼에도 그가 하는 일이란 생명세계에서 일어나는 순환질서를 따르면서
그 생명잔치에서의 아기자기한 역할을 다하더라는 건데
그러면서도 아무 것도 제 것이라곤 없고
무엇을 제 것으로 삼으려는 뜻도 없더라는 말입니다.

굳이 하나의 길이 있다고 말한다면
먼저 산 사람들이 하는 말에 귀를 기울일 줄 알더라는 뜻이
은근하게 담겨 있는 것이 이 이야기인데,
겉으로 드러나는 또렷한 삶의 태도가 거듭해서 강조되는 것은
'이 세상의 모든 일이 쉽지도 않고 간단하지도 않으니
모든 일에 신중하면
남이 보기에는 물 흐르듯 제대로 살아가는 것처럼 보인다'는 말입니다.

결국 어리석은 일 둘이 있으니
그 하나는 앞서 간 사람들의 말을 성가신 잔소리로 치부해버리는 것이고
다음은 간단해 보인다고 그것을 쉽게 보고 덤비는 짓일 터,

가슴에 창 둘을 내어
하나는 과거를 향해 열고, 다른 하나는 미래를 향해 연 다음
현실을 바라보는 빛나는 눈을 지니는 것이야말로
반드시 배워야 할 삶의 기술이고
무엇보다 앞세워야 할 인생 운영의 솜씨가 아니겠는지요?

열여섯

제대로 살피고 바라보면

글마루

致虛極(치허극)하고 守靜篤(수정독)하라.

萬物竝作(만물병작)을 吾以觀復(오이관복)하니 夫物芸芸(부물운운)이나 各復歸其根(각복귀기근)이더라.

歸根曰靜(귀근왈정)이니 是謂復命(시위복명)이라.

復命曰常(복명왈상)이요 知常曰明(지상왈명)인데 不知常(부지상)이면 妄作凶(망작흉)이니라.

知常容(지상용)이요 容乃公(용내공)이며 公乃王[10](공내왕)이며 王乃天(왕내천)이요 天乃道(천내도)며 道乃久(도내구)니 歿身不殆(몰신불태)니라.

풀이

비움의 끝을 추구하고 거기서 오는 고요함에 충실하라.

뭇 생명들이 더불어 자라나지만 나는 그 돌아감을 본다.

---

10) '임금'이라고 옮겨야 할 王(왕)을 여기서는 '모든 것의 으뜸' 곧, '사람이 지녀야 할 바람직한 가치'라고 의역을 하였습니다.

모든 것이 무성하나 다들 그 뿌리로 돌아가니
뿌리로 돌아감을 고요함이라 하는데
이를 일러 제 삶의 길을 따른다고 한다.

그렇게 제 길을 따르는 것을 저다움이라 하고,
저다움을 아는 것을 깨달음이라 하는데,
저다움을 모르면 허망함을 키워 건질 것이 아무 것도 없다.

저다움을 알면 너그러워지고
너그러워지면 공평해지며
공평함이야말로 모든 것의 으뜸인데
그것을 곧 하늘이라 한다.

이때 하늘은 도(道)의 다른 이름이며,
그것의 수명은 길고 오래니
여기서 비로소 한 목숨 다할 때까지
위태로움에 이르지 않는 길이 나오게 된다.

이야기

비움의 끝이라니 그런 것도 다 있을까 싶습니다.
어쩌면 고요함의 자리

또는 절대고독의 순간을 이르는 말로 들리기도 합니다.
거기서 모든 것을
'있는 그대로' 바라볼 눈이 열리는 까닭이니 말입니다.

무성하게 자라나는 것이 한때의 세(勢)라면
끝에 이르기 전에 길 접어 돌아가 마침내
아무것도 없는 듯싶은 거기까지 가는,
바로 그것이 생명의 진실이라는 말임을
여기서 비로소 알아듣게 됩니다.

온다고 해서 마냥 반기기만 할 일도 아니고
싱싱하고 무성하게 자라난다고 하여 그 자라나는 것이 전부가 아니라
꽃 피우고 열매 맺으며 돌아갈 길을 준비하는 모습을
바라볼 줄도 알고, 그 길을 따를 줄도 아는 삶과
거기서 나오는 넉넉함과 부드러움이야말로
배워야 할 것의 으뜸이고
그것을 배워 따르는 것이야말로 하늘의 길이니

많은 것을 아는 것이 아니라
자신과 세상을 바라볼 줄 아는 눈을 키우는 일이야말로
배운다는 말의 참뜻이 아니겠는가 싶은 겁니다.

열일곱

관계방정식

글마루

太上(태상)은 下知有之(하지유지)요 其次(기차)는 親而譽之(친이예지)이며 其次(기차)는 畏之(외지)요 其次(기차)는 侮之(모지)니라.

信不足焉(신부족언)이면 有不信焉(유불신언)이니 悠兮(유혜)여 其貴言(기귀언)이라.

功成事遂(공성사수)라도 百姓(백성)은 皆謂我自然(개위아자연)이니라.

풀이

크게 바람직한 일이 있으니
그것은 다른 사람이 그저 그가 있다는 것 정도나 아는 것이고,
그 다음은 가까이하면서 서로 좋은 말을 해 주는 것이며,
그 다음은 두려워하게 하는 것이고
그 다음은 업신여기는 것이다.

믿음을 주지 못하면 믿지 못할 일만 생기니
기억하라, 그 소중한 말을

누가 공을 세우고 일을 이루어도
사람들이 한결같이 이르기를
모두가 제 삶을 제가 산다고 말할 수 있어야 한다.

이야기

글낯[11]을 '방정식'이라고 붙여보았습니다.
대부분 사람들이 수학을 꺼린다는 사실을 모르지 않으나 무릅쓴 것은
방정식이 참으로 재미있고,
수학이 그리 껍질 딱딱한 과목이거나 학문은 아니라는 것을
고등학교를 마친 뒤에도 제법 시간이 흐른 다음
늦게나마 알게 되었기 때문입니다.

'방정식'도 그냥 방정식이 아니라 '관계'에 있어서의 방정식이라고 했는데
옛늙은이의 이 짧은 노래가
바로 그것에 대해 다루고 있다는 생각이 드는 까닭입니다.

참으로 바람직한 관계란
서로 죽고 못 사는 그런 사이가 아니라

---

11) '제목'이라는 말을 우리말로 바꾼다면 '글낯'이 될 거라는 건 그저 내 생각입니다.

그저 거기 그가 있고 여기 내가 있다는 것으로 넉넉한 사이,
돈 빌려주지 않는다고 멀어지거나
자존심을 건드렸다고 핏대 올리며 목소리 키우는
그런 사이도 아니고,
별일도 아닌데 예의 갖추면서 추켜세우기도 하고 칭찬하는 것도 아니라는 것,

어리석은 이들은 남 앞에 서려고 하고
그럴싸해 보이는 이와 괜찮은 사이라는 것을 드러내려고 하고
그러면서 남보다 힘 있는 사람마저 또한 어리석게 만드는,
또는 힘이 있는 사람이
그보다 낮은 자리에 있는 사람을 스스로 비굴하게 만드는,
그래서 사회가 어지러워지고
사람들의 삶이 자꾸만 거칠어지니

담담하게 보이는 그런 관계를 놓치지 말라는 한마디.
그, 또는 내가 있을 때는 있는지 없는지도 잘 느끼지 못하지만
혹시 없을 때 그 빈자리가 큰 것을 비로소 알아차리게 되는
그런 있는 둥 마는 둥 하는 그런 사이야말로
참으로 따뜻한 사랑이거나 우정의 관계라는 말로 들으면,
있으면 그저 편안하고 없으면 그리워지는
바로 그런 사이여야 한다는 가르침으로 받으면 되지 않겠습니까?

열여덟

차원을 넘어서기

글마루

大道(대도)가 廢(폐)하니 有仁義(유인의)하고 慧智(혜지)가 出(출)하니 有大僞(유대위)하며 六親(육친)이 不和(불화)하니 有孝慈(유효자)하고 國家(국가)가 昏亂(혼란)하니 有忠臣(유충신)이더라.

풀이

제대로 된 삶의 길이 무너지고 나니
어질다거나 옳다고 하는 것들이 가치를 지니게 되고,
재주와 잔꾀를 추켜세우니
온갖 거짓이 판을 치며,
피붙이 사이가 어긋나기 시작하면서
효도니 우애니 하는 것들이 돋보이고,
나라가 어지러울 때에야 비로소
제대로 된 일꾼이 빛을 보게 된다.

이야기

이 말을 그대로 뒤집어 볼 수밖에 없는 현실들이 종종 나타납니다.
제대로 된 삶을 살아가는 사람에게는
윤리나 규범이나 제도 같은 것들이 필요가 없을 터.
그런데 법이 그런 제대로 살아가는 이들을
이런 저런 규제로 성가시게 하고
불법과 탈법, 불의와 부패를 일삼는 것들이
오히려 법의 보호를 받는 것을 볼 때가 드물지 않습니다.

법이나 제도나 규범이라고 하는 것들이
그 정신을 기반으로 하여 시행되고
사회의 변화에 따라 언제나 바꾸거나 폐기할 수 있어야 하는데
바뀌어야 할 것들이 고집스럽게 버티면서
사람들의 삶을 제한하는 기능 이외에는 하는 것이 별로 없고
그 정신에 기초하는 것이 아니라
법을 다루는 사람들의 편리나 필요, 또는 이익에 따라
판결의 내용이 결정되는 것,

특히 그것이 정권 또는 온갖 권력의 도구로만 쓰이는 것도
적지 않게 드러난 우리의 현실이었고
지금도 그런 경향들은 곳곳에서 엿보이고 있으니
이런 노래를 부른 옛늙은이를 너무 순진하다고 해야 하는 상황이

시도 때도 없이 벌어지곤 합니다.

그런 모순과 한계의 상황이 바로잡아야 할 대상이고
옛늙은이의 이런 노래야말로
끊임없이 보다 나은 미래를 열고자 하는 민중들의 열망이며 외침이라는 말인데,

짧은 노래를 두고
풀이가 너무 장황했다는 생각이 들어
그만 입을 다뭅니다.

열아홉

버릴 것과 취할 것

글마루[12)]

絶聖棄智(절성기지)면 民利百倍(민리백배)하고 絶仁棄義(절인기의)면 民復孝慈(민복효자)하며 絶巧棄利(절교기리)면 盜賊無有(도적무유)리니 此三者(차삼자)는 以爲文不足(이위문부족)이라.

故(고)로 令有所屬(영유소속)하고 見素抱樸(견소포박)하며 少私寡欲(소사과욕)하라.

풀이

종교를 없애버리고 교육을 내버리면
사람들의 이익이 백배로 늘어나고,
어짊을 잘라내고 옳음을 내려놓을 때
사람들이 저 해야 할 일을 사심없이 하게 될 것이며,
교묘한 것과 쓰임새 많다는 것들을 무시해버리면
온갖 도적이 없어질 것이니,

12) 이 장(章)은 왕필본과 백서본 그리고 곽점 갑본의 차이가 아주 큽니다. 이에 대해서는 이석명의 『백서노자』(청계, 2006) 520~530쪽을 참조하면 됩니다.

이 셋은 글로 서술하는 것에는 한계가 있을 수밖에 없다.

그러므로 사람들에게 그 머물 자리를 보장하며,
깔끔하고 단순한 삶의 길을 찾게 하는 동시에
무엇에도 길들여지지 않게 하며,
사적인 것은 적게 할 줄 알고 탐욕을 버릴 줄 알게 해야 한다.

이야기

종교와 교육에 대한 부정적 입장을 보이고 있는 것에는
거부감을 보일 이들이 적지 않다는 것을 모르지 않습니다.
그런 거부감을 염두에 둔다면
'종교와 교육이 바람직한 세상을 위해 필요한 것인 줄은 알지만
자칫 빗나갔을 때의 위험은 이만저만 크지 않다'고 새긴다면
누구라도 이의를 말하기는 쉽지 않을 것입니다.

유용한 것일수록 신중하게 다루어야 한다는 것인데,
좋은 도구가 삶을 쉽게 하는 것이 사실이지만
문명의 역사를 놓고 볼 때
좋은 도구가 삶을 편리하게 한 것보다는
도리어 생명을 해치고, 인간을 황폐하게 하는 데
더 많은 역할을 했다는 사실을 부정할 사람은 아무도 없을 줄 압니다.

오늘날에도 보다 나은 세상을 위해 기여할 수 있다고 하는 깃발 아래
오히려 인간을 해치거나
인간이 지녀야 할 최소한의 품성도 찾아볼 수 없는 경우가 허다하고
어설프게 갖다 붙이는 논리들로 세상을 시끄럽게 하는 모습들은
종교뿐 아니라 교육의 이름으로도 자행되고 있고
정치는 더 말할 것도 없으며
문화, 법률, 언론, 갖가지 진보적 운동이라고 하는 데까지
사람이 있는 곳이면 그 어디든 구석구석 갈피갈피 뒤섞여서
세상을 시끄럽게 하고
터무니없이 사람을 아프게 하는 일들이 끊임없이 일어납니다.

아마 그때도 그랬으니 이런 가르침을 펼쳤겠구나 싶은데
시절이 하도 어지러워
몹쓸 짓을 하고도 부끄러운 줄을 모르는 사람들,
반사회적 행동을 하면서도 그것이 잘못인 줄도 모르는 사람들,
더구나 그런 것들이 한 사회의 지도적인
또는 의사를 결정하는 중요한 자리에 있는 것을 볼 때마다
마냥 가슴이 무너져 내리곤 합니다.

그래도 성실하고 열심히, 그리고 정직하게 살아가는 사람들이
어느 시대에나 절대다수라는 것,
그 때문에 그들의 끊임없는 열망들이 모이고 또 뭉쳐서
마침내 민주주의라는 제도를 가능하게 했고
그 민주주의는 완성형이 아니라
언제까지나 하나의 과정으로 존재한다는 사실이

위로가 되는 마당입니다.

거기서 見素抱樸(견소포박)이라는
포근한 봄 햇살 같은 가르침의 자리에서 듣는 말,
따뜻한 마을에서 피어나는 웃음꽃을 보는 듯 기쁨이 솟아오릅니다.

스물

진리[13]의 길

글마루

絶學(절학)이면 無憂(무우)니라.

唯[14]之與阿(유지여아)는 相去幾何(상거기하)이며 善之與惡(선지여악)은 相去若何(상거약하)인가. 人之所畏(인지소외)를 不可不畏(불가불외)하니 荒兮(황혜)여 其未央哉(기미앙재)니라.

衆人(중인)은 熙熙(희희)하니 如享太牢(여향태뢰)하고 如春燈臺(여춘등대)에 我(아)는 獨泊兮(독박혜)니 其未兆(기미조)요 如嬰兒之未孩(여영아지미해)라.

儽儽兮(래래혜)여 若無所歸(약무소귀)인데 衆人(중인)은 皆有餘而(개유여이)에 我(아)는 獨若遺(독약유)라.

我(아)는 愚人之心也哉(우인지심야재)라.

13) '진리'라는 말은 추상적 개념입니다. 오랫동안 '고정불변의 진리'라는 것이 있다고 생각하면서도 많은 이들이 이 말을 너무 가볍게 쓰는 것에 대한 거부감이 있었습니다. 그러다가 이 세상에 변하지 않는 것은 아무 것도 없다는 사실을 알고 나서 이 문제에 대해 더 이상 생각하지 않고 산 기간이 짧지 않습니다. 그러다가 최근 '진리'라는 것은 '바람직한 세상을 향한 인류의 지향을 구체적 실천으로 이끌 수 있는 근거'라는 결론을 얻게 되었습니다.

14) 唯(유)는 손윗 사람이 부를 때 하는 '공손한 대답', 阿(아)는 무시해도 좋을 사람이 부를 때 하는 '무례한 대답'이라고 합니다.

沌沌兮(돈돈혜)여 俗人(속인)은 昭昭(소소)에 我(아)는 獨昏昏(독혼혼)이요 俗人(속인)은 察察(찰찰)에 我(아)는 獨悶悶(독민민)이구나.

澹兮(담혜)여 其若海(기약해)요 飂兮(요혜)여 若無止(약무지)로다.

衆人(중인)은 皆有以而(개유이이)나 我(아)는 獨頑似鄙(독완사비)라.

我(아)는 獨異於人而(독이어인이)하여 貴食母[15](귀식모)하리라.

풀이

배움을 잘라버리면 걱정거리가 없어진다.
공손한 대답과 성의 없는 대답은 그 거리가 얼마나 되며
착하다는 것과 악하다는 것은 그 차이가 무엇이겠는가.

사람들이 두려워하는 것을
나 또한 두려워하지 않을 수 없는데
어지러움이여, 갈피를 잡을 수 없구나.

사람들은 다들 즐겁게
큰 제사와 호화로운 잔치를 벌이고 있는데
나는 홀로 머물러 있으니
아무 조짐도 보이지 않음이 마치 첫 웃음도 웃지 못한 어린아이와 같구나.

---

15) 여기서 母(모)는 얼른 보이는 대로 '어머니'라고 하더라도 받아들이는 뜻은 좀 더 넓게 풀어 '생명세계, 또는 생명질서나 생명의 가치'라고 보는 것이 바람직할 것입니다.

고달픔이여,
돌아갈 곳도 없는데
사람들은 모두 여유롭지만 나는 홀로 버려져 있구나.

나는 바보로구나.
어리석고 서툴기만 하니
사람들은 모두 똑똑한데 나는 홀로 서툴기만 하고
사람들은 빈틈이 없는데 나는 홀로 허점투성이

까마득하기가 바다 한복판 같고
들까불리기는 멈출 줄을 모르는데
사람들은 모두 자기는 쓸모 있다고 하고
나는 홀로 모자라고 어리석어 쓸모가 없다고 하는구나.

나는 홀로
그들과는 달리 어머니 살리는 일을 귀히 여기며 살겠다.

이야기

배움을 잘라내기만 하면 걱정거리가 없어진다고 합니다.
다른 곳에서 배움에 대해 말하기를
'배우는 것은 보태는 일이고,

도(道)를 따르는 것은 덜어내는 일이라'는 게 있습니다.

이 말이 배운다는 것에 대한 무조건적인 부정이라고 하기보다는
참으로 사람이 배워야 하는 것이 어떤 것인지에 대한
성찰로 들을 수 있다면 바람직할 것입니다.

자신의 영달을 위해서 배우는 것,
그 배운 것을 무기나 도구로 삼아 제 이익을 채우는 일에만 쓰는 것,
남보다 더 많은 지식을 가졌다고 하여 그렇지 못한 이를 업신여기는 것,
이런 것들이 얼른 떠오르는 지식의 폐단일 것입니다.

참으로 배워서 다른 이보다 더 큰 힘을 쓸 줄 안다면
그 힘을 자기보다 약한 사람들이나
사회로부터 소외되어 그늘진 곳에 살 수밖에 없는 사람들을 위해서
자신이 해야 할 일을 찾을 줄 알게 될 것입니다.

소위 배웠다고 말하면서 힘 있는 자리에서
그 힘을 이용해 자신의 것을 채우는 데만 부지런하고
거기서 누리는 것으로 날마다 잔치를 하면서
그 때문에 자신의 것을 빼앗기거나
존재 자체가 짓밟히는 이들이 있다는 사실조차도 모르는
그런 이들을 일러 중인(衆人)이나 속인(俗人)이라고 한 듯도 싶은데

전체적인 분위기가 우울하지만
마지막 한 줄에 가서

비록 아무도 알아주는 이가 없다고 하더라도
나는 '어머니를 모시는 일(식모: 食母)'에 전념하겠다는
옛늙은이가 단호하게 말한 어머니를 모시는 일에서
어머니의 범위가 어디서 어디까지인지를
다시 한 번 생각하게 하여 눈을 크게 떠 보는데

외로운 자리에서도 결코 외롭지 않은
옛늙은이의 의연한 모습이 어쩌면 눈에 보일 듯도 합니다.

스물하나

한 번에 걷는 세 길

글마루

孔德之容(공덕지용)은 惟道是從(유도시종)이라.

道之爲物(도지위물)은 惟恍惟惚(유황유홀)하니 惚兮恍兮(홀혜황혜)여 其中有象(기중유상)하고 恍兮惚兮(황혜홀혜)여 其中有物(기중유물)이라.

窈兮冥兮(요혜명혜)여 其中有精(기중유정)이요 其精甚眞(기정심진)하니 其中有信(기중유신)이라.

自古及今(자고급금)에 其名不去(기명불거)하니 以閱衆甫(이열중보)라.

吾何以知衆甫之狀哉(오하이지중보지상재)인가.

以此(이차)니라.

풀이

지극한 덕이라고 하는 것은
오직 도를 따름에 있다.

도라고 하는 것은
있는 듯 없는 듯한데

없는 듯 있는 듯한 그 한복판에 모양이 있고
있는 듯 없는 듯한 그 한가운데 실체가 있다.

그윽하고 아득한 그 안에 씨앗이 있으니
그 씨앗은 참되기 그지없어
거기에 미더움이 있다.

예로부터 지금에 이르기까지 그 이름 사라지지 않으니
이에 근거하여 만물의 시원을 헤아린다.

내 어찌 만물의 시원이 그러함을 알겠는가,
바로 이를 통해서이다.

이야기

덕을 품은 삶이라고 하는 것은
다른 사람들이 그에게는 그윽한 품성이 있다고 할 만한 것일 수 있으나
여기서 옛늙은이는 그런 평가에는 그다지 관심이 없습니다.

오로지 생명의 길을 따르는 데 있다는 것이 그 결론입니다.
그런데 이 길이라고 하는 것이
눈에 보이거나 손으로 만질 수 있는 것이 아니니
흔한 말로 추상적이라고 할 수도 있으나

그러면 길은 사라지고 쓸데없이 머릿속만 복잡해질 수 있습니다.

더욱이 그윽하고 아득하며 또한 아득하고 그윽한 그 길이라는 말,
가만히 지켜보면 얼굴을 내미는 존재의 모습이며
아득하고 그윽하지만 역시 눈 열고 들여다보면
비로소 존재의 실체가 드러난다는 것입니다.

이렇게 가다 보면 끝이 없으니 간명하게 말한다면
사람이 가야 하는 길을 찾고 또 찾아 제대로 찾아낸 거기
자연의 길이 나타나고
자연의 길이야말로 생명의 역사라고 정리하면

비로소 예부터 지금까지 한 번도 지워지지 않은
그 길로 접어들고 있음을 알아차릴 수 있다는,
그리고 세 길이 하나의 길이라는 것까지 헤아리고 나면
발걸음 무거울 일이 없다는
그 말이 별처럼 반짝거립니다.

자연의 길, 생명의 역사,
그리고 사람이 나아갈 길.

스물둘

주관과 객관의 부드러운 순환

글마루

曲則全(곡즉전)하고 枉則直(왕즉직)하며 窪則盈(와즉영)이요 幣則新(폐즉신)하고 少則得(소즉득)하며 多則惑(다즉혹)이라.

是以(시이)로 聖人(성인)은 抱一(포일)하여 爲天下式(위천하식)하니 不自見(불자현)하여 故(고)로 明(명)하고 不自是(불자시)하여 故(고)로 彰(창)하고 不自伐(불자벌)하여 故(고)로 有功(유공)하며 不自矜(불자긍)하여 故(고)로 長(장)하니 夫唯不爭(부유부쟁)으로 天下莫能與之爭(천하막능여지쟁)이라.

古之(고지)에 所謂曲則全者(소위곡즉전자)가 豈虛言哉(개허언재)이겠는가 誠全而歸之(성전이귀지)니라.

풀이

구부러진 것이야말로 온전하고
휜 것이야말로 곧은 것이며
패인 곳은 채워지고
낡으면 새로워지며
모자라면 얻게 되고

많아지면 어지러워진다.

그러므로 제대로 사는 이는
모든 것을 하나로 묶어내어 자기 삶의 법도로 삼으니

스스로 드러내지 않아 그래서 참으로 드러나고
저 혼자 두드러진다고 우쭐대지 않아 그렇기 때문에 빛나고
남을 치되 짓밟지 않아 그렇기 때문에 공이 있으며
뽐내지 않음으로 오래갈 수 있으니
도무지 다투지 않아 세상에 그와 더불어 싸울 수 있는 이가 없다.

옛말에 이르기를 굽은 것이야말로 온전하다 했는데
어찌 이를 틀린 말이라 하겠는가?
그 참된 온전함이야말로 모든 것이 제자리로 돌아가게 되는 길이다.

이야기

굽은 것이 온전한 것이며 휜 것이야말로 곧은 것이라니
무슨 말이나 되는 이야기냐고 대들기에 딱 좋은 말들입니다.
그러나 패인 곳이야말로 고일 수 있는 자리라는 말을 잘 듣는다면
절로 고개가 끄떡여지게 될 터인데,

고전물리학의 큰 어른 뉴턴이 찾아내고 알아낸 수많은 물리학적 진실

들이
현대물리학에 와서 여지없이 무너지는 양자역학적 발견들 앞에서
난다 긴다 하는 학자들도 처음에는 엄청 혼란스러웠던 모양입니다.
고전물리학에서의 직선이 현대물리학에서의 곡선으로 드러나는,
그러다가 차원을 말할 수 없는 천문학적 또는 미시물리학적 발견들에 이르면
절대적인 것이라고는 존재하지 않는다는,
그야말로 존재의 규정 자체가 아무런 의미가 없다는 데까지 나아가게 됩니다.

거시적인 것과 미시적인 것
작은 것과 큰 것
의미 있다고 생각되던 것들과 아무 것도 아니라고 생각되던 것들이
보다 큰 차원에서 하나가 되는 포일(抱一)의 철학,

그것으로 삶의 큰 방식을 삼고
거기에 객관이 주관 안으로 수렴되는,
그렇게 주관 안에서 정리된 것이 구체적인 삶의 실천으로 환원되는
인식의 순환이 가능한 삶의 길,
그게 바로 모든 것을 '있는 그대로' 볼 줄 아는 것이 아니겠는지요?

스물셋

짧은 말에 큰 뜻을 담을 수 있으니

글마루

希言自然(희언자연)이라.

故(고)로 飄風(표풍)은 不終朝(불종조)하고 驟雨(취우)는 不終日(불종일)하니 孰爲此者(숙위차자)인가, 天地(천지)니라.

天地(천지)도 尙不能久(상불능구)인데 而況於人乎(이황어인호)이겠는가.

故(고)로 從事於道者(종사어도자)는 道者(도자)를 同於道(동어도)하고 德者(덕자)를 同於德(동어덕)하며 失者(실자)를 同於失(동어실)이라.[16]

同於道者(동어도자)면 道亦樂得之(도역락득지)하고 同於德者(동어덕자)면 德亦樂得之(덕역락득지)하며 同於失者(동어실자)면 失亦樂得之(실역락득지)라.

信不足焉(신부족언)이면 有不信焉(유불신언)이니라.

풀이

저 스스로 살아가는 것들은 거의 말을 하지 않는다.

16) 道(도)와 德(덕), 그리고 失(실)을 그 본 뜻과 거리가 먼 듯하게 의역을 했습니다. 그렇게 읽는 것이 전체의 맥락과 어울린다고 본 까닭입니다.

그러므로 회오리바람은 아침을 넘기지 못하고,
소나기는 종일 쏟아지지 않으니
누가 이런 일을 하는가?
바로 생명질서다.

생명세계의 일이 이러하거늘
하물며 사람이겠는가.

그러므로 생명의 순환을 잘 따라 살면
생명질서 또한 그 따르는 것들로 기뻐하고
참된 실천을 한다면
그 실천으로 세상이 즐거워할 것이며
여타의 것들 또한 담담히 받아들이며 산다면
그 모든 것들에서도 크고 작은 즐거움이 뒤따를 터,

미덥지 못하게 산다면
서로 믿을 수 없게 되는 것은 당연한 일이다.

이야기

『도덕경』 전체의 흐름은
말이 많은 것은 실속이 없거나

아니면 스스로 혼란에 빠지거나
다른 이를 어지럽게 한다고 말하곤 합니다.

말없는 가르침이나, 입 다문 실천이야말로 힘이 있다는 건데
언젠가 만난 소설가에게 들은 말이 떠오릅니다.
“시를 쓰는 것은 정신노동이지만
소설을 쓰는 것은 육체노동이라”는 말이었는데
시도 소설도 모르지만
그저 웃자고 이따금 나도 따라 해보는 것은
그 말 속에 있는 뼈를 느껴 공감하는 까닭입니다.

더 말하는 것은 그야말로 어지럽거나 어지럽히는 것,
다들 한두 번 들은 말이 아닌
그 말로 마무리를 할까 하는데
‘웅변은 은이고 침묵은 금입니다.’

하늘이 일을 할 때의 침묵이 그렇습니다.
다른 이들은 일이 이루어지고 있다는 사실도 모르는,
그렇게 일을 이루고도 전혀 생색을 내지 않으니
그것은 그 일을 자신이 한 것이 아니라
자신과 함께 하고 있는 다른 모든 것들이 존재하여
절로 그리 되었다고 여기는 까닭

여기까지 헤아리면 그냥 머리를 숙일 수밖에
다른 할 말이 있을 수 없습니다.

스물넷

군더더기 없는 삶

글마루

企者(기자)는 不立(불립)하고 跨者(과자)는 不行(불행)이라.

自見者(자현자)는 不明(불명)하고 自是者(자시자)는 不彰(불창)이요 自伐者(자벌자)는 無功(무공)하고 自矜者(자긍자)는 不長(불장)이니

其在道也(기재도야)에 曰(왈)하기를 餘食贅行(여식췌행)인데 物或惡之(물혹오지)니

故(고)로 有道者(유도자)는 不處(불처)니라.

풀이

까치발을 하고는 제대로 서 있을 수가 없고
가랑이를 벌리고는 걸음을 걷지 못한다.

아무것도 모르는 이가 스스로 드러내려 하고
옳다고 나대는 이가 옳은 일을 하는 수는 거의 없으며
남을 짓밟으면서 이룬 공(功)은 바람직하지 않고
스스로 뽐내고는 오래갈 수 없으니

이는 큰 가르침에서 이른 것처럼
먹고 남은 밥찌꺼기나 군더더기 단장과 같으니
제대로 살아가는 모두가 꺼리는 일

그러므로 제대로 된 삶을 사는 이는
그런 데에 머무르지 않는다.

이야기

삶의 낭비로서의 여식(餘食)과 췌행(贅行)은
살면서 경계해야 할 근심의 뿌리입니다.

옛사람의 이야기에
'염라대왕이 어디 사느냐'는 수수께끼가 있는데
그 답이 '수챗구멍'이라는 말을 되새길 때마다
무엇이나 마구 쓰다가 함부로 버리는
그래서 지구 한쪽에서는 굶어죽는 이들이 넘쳐나는데
다른 한쪽에서는 초비만(超肥滿)을 앓는 이가 넘쳐나면서도
음식쓰레기가 산처럼 쌓여 그걸 해결하지 못해 쩔쩔매는 모양은
이러고도 문명이 바람직하다고 할 수 있는지를
다시 생각하게 하는 풍경입니다.

목적지에만 다다르면 되는데 그걸 지나쳐 더 간다는 췌행(贅行)은
아무도 그러지 않는다고들 생각할지 모르지만
쓸데없는 것을 지니는 것이라든가
되지도 않는 장식으로
스스로 돋보일 거라고 여기며 뻐겨대는
멀쩡한 것처럼 보이는 사람들이 벌이는 어릿광대놀이들과 함께

제대로 쓰면 좋을 것을 그저 쌓기만 하느라고 남을 죽이고
쌓아놓고 그 썩어가는 것과 함께 썩어가는 사람들이 벌이는 이야기는
그 또한 어디서나 흔하게 들을 수 있는 췌행(贅行)의 현실임을
부인할 사람이 별로 없을 것입니다.

군더더기 없이 살아가는 일
그래서 몸은 가볍고 마음은 즐거움으로 가득 차게 되는 것,
탐욕이 자기 삶의 주인이 아니라
나그네로 온 세상에서 잔치를 벌여야 할 자기 자신이 주인으로 살아갈 때에만
사람으로 산다고 말할 수 있음을
다시 한 번 생각해 보게 하는

참 곱고도 아름다운 가르침입니다.

스물다섯

태초에 호흡이 있었으니

글마루

有物混成(유물혼성)하여 先天地生(선천지생)이라.

寂兮(적혜)하고 寥兮(요혜)하니 獨立不改(독립불개)하며 周行而不殆(주행이불태)니 可以爲天下母(가이위천하모)니라.

吾不知其名(오부지기명)이나 字之曰道(자지왈도)요 强爲之名曰大(강위지명왈대)라.

大曰逝(대왈서)하고 逝曰遠(서왈원)하고 遠曰反(원왈반)이니 故(고)로 道大(도대)하고 天大(천대)요 地大(지대)하고 王[17]亦大(왕역대)라.

域中有四大(역중유사대)로되 而王居其一焉(이왕거기일언)이라.

人法地(인법지)하고 地法天(지법천)하며 天法道(천법도)로되 道法(도법)은 自然(자연)이니라.

17) 흔히 '임금'으로 풀이하는 王(왕)을 나는 '사람', 또는 '사람에게 주어진 일'로 풀이하는데, 여기서는 '사람'으로 읽고자 합니다. 그렇게 읽는 것이 다음에 나오는 人法地(인법지) 이후의 人(인)과 자연스럽게 연결된다고 보기 때문입니다.

풀이

존재 이전에 뒤얽혀 이루는 기운이 있었으니
그것이 세상 모든 것보다 먼저 존재하고 있었다.
그 모습은 고요하고 또 아득하나
홀로 있어도 뒤바뀜이 없고
두루 움직인다 하더라도 위태롭지 않아서
넉넉히 천하의 어머니라고 할 수 있다.

우리는 그 적절한 이름을 알 수 없지만
굳이 이름을 붙인다면 도라고 할 것이고,
좀 억지스러운 이름을 붙인다면 위대함이라고 할 수 있는데,

커지면 물러가고 물러가면 멀어지며
끝내 다시 돌아오는데
그러므로 도는 위대하고
하늘 또한 그러하며,
땅도, 사람도 역시 그렇게 위대한 것이다.

존재의 세계에 큰 것이 넷 있으니
사람이 살고 있는 환경 또한 그 중 하나이다.

사람의 길은 땅에 있고,
땅의 길은 하늘에 있으며,
하늘의 길이 곧 도라고 할 수 있는데,

도의 길은 늘 스스로 존재하는 바로 그것이다.

이야기

글낯을 제법 거창하게 잡아 보았습니다만
사실 물리학을 조금만 알면
'태초'라는 말은 어떤 특별한 기준점이 없이는 성립할 수 없는 개념입니다.

성경의 첫 낱말이 바로 이건데
흔히들 당연히 존재하는 어떤 시점이라고 생각들 하는 것 같고
비슷한 개념이 기독교 이외의 다른 세계에서도 통용되는 듯싶습니다.

아무튼 인식을 가지고 세계를 바라보는 우리의 시점에서 말하는 이 '태초'는
우주의 첫 시작점을 뜻한다고 볼 때
그 자체로 무시간적이고, 시간과 공간, 존재와 비존재를 나눌 수 없는 자리이고
그렇기 때문에 그 무엇이라는 것 자체를 밝혀낼 수 없는 그런 것일 터인데
그것을 일러 여기서는 混成(혼성)이라고 하는 것 같습니다.

太虛(태허)라고도 할 수 있는 그 자리에 있었던 것이 무엇인지

絶對無(절대무), 또는 無限空(무한공)의 진실이 어떤 것인지 헤아리는 일은 무의미한 시도처럼 보일 수도 있습니다.

그럼에도 어리석은 내가 읽기에
그 자리에 있었다고 감히 말할 수 있는 것
그게 바로 '태초에 호흡이 있었다'고 말할 수 있는 그 어떤 것이고
그리고 태초의 대극점에 있다고 볼 수 있는
종말 이후에도 여전히 존재하는 것이 있다면
그것 역시 호흡일 수밖에 없지 않겠느냐는 겁니다.

호흡이 낳은 세계
호흡으로 살아가는 생명
그 들숨과 날숨의 순환에서 나오는 생명의 신비까지를
공식으로 나타낸 것으로 보이는
人法地(인법지) 地法天(지법천) 天法道(천법도)
그리고 道法自然(도법자연)의 가락!

가만히 하늘을 올려다 봅니다.
늘 같은 것 같지만 한 번도 같았던 적이 없는 하늘

그리고 이 세상 모든 것
그 모든 것이 다 호흡으로 시작되고
호흡 안에 있습니다.

스물여섯

참으로 중요한 것

글마루

重爲輕根(중위경근)하고 靜爲躁君(정위조군)이라.

是以(시이)로 聖人(성인)은 終日行(종일행)에 不離輜重[18](불리치중)이니 雖有榮觀(수유영관)에도 燕處超然(연처초연)인데 柰何萬乘之主(내하만승지주)로 而以身輕天下(이이신경천하)하겠는가.

輕則失本(경즉실본)하고 躁則失君(조즉실군)이니라.

풀이

무거운 것은 가벼운 것의 뿌리가 되고
고요한 것은 무성한 것들의 바탕이다.

그러므로 제대로 사는 이는 제게 주어진 모든 시간 동안
본질에서 벗어나는 일이 없으니,

18) 輜重(치중)의 본래의 뜻은 군대의 양식수레라고 하는데 여기서는 '자신의 본분'으로 풀었습니다.

아무리 그럴 듯해 보이는 것이 있다 하더라도 거기에 휩쓸리지 않는다.

스스로 세계의 중심으로 살아간다면
어찌 현상에 휩쓸리는 일에 몸을 내놓겠는가.
흔들리면 중심에서 벗어나고, 어수선하면 본질을 놓치게 된다.

이야기

놀라운 이야기입니다.
수천 년 동안 언제나 무거운 것들이 가벼운 것들 위에 자리잡고
그 힘없는 것들을 짓밟기도 하고
그들에게 빼앗으면서 살아온 것은 역사가 증명하는 일.

그런데 본질을 이야기하는 옛늙은이는
당연히 그럴 수밖에 없는 생명의 진실인
모든 가벼운 것들의 바탕에 놓인 무거운 것들의 실상을 밝히면서
현실의 모순이 해결될 방안을 넌지시 내놓습니다.

다들 위로 올라가려고 하고
그러기 위해서는 갖가지 힘이라고 하는 것을 만들어냅니다.
한때는 깨달음이나 지성을 겸비한 인격이 힘으로 인정되던 때도 있었지만
힘이라고 하는 것의 속성상 싸움을 하는 능력이

모든 힘의 기반이었습니다.

인류사의 변화 과정에서 힘도 조금씩 달라지기 시작했습니다.
지식과 지위, 권력이나 재산과 같은 것들이 힘의 대열에 합류하고
그것을 획득하기 위한 수단은
대부분 정당한 방법보다는 편법이나 탈법, 또는 불법이 많았고
역사는 그 힘 가진 것들을 중심으로 기록되어 왔습니다.

어쨌든 맨 나중에는 가장 무거운 것이 위로 올라가게 된
몹시 불안정한 사회구조,
그리고 그것을 지탱하기 위해 만들어 낸 수많은 제도적 장치들
그리하여 민중은 늘 불행할 수밖에 없었고
거기서 적응하기 위해서는 비겁해야 했고
용기가 있어 문제를 드러내려는 몸짓들은
잔인하게 짓밟히는 것이 대부분이었습니다.

거기서 묻는 본질에 대한 준엄한 성찰은
현상에서 화려하게 보이고 그럴 듯하게 여겨지는 것들을 위해 살 일이 아니라
스스로를 놓치지 않는 길이 무엇인지를 찾아야 한다고 말하면서
모두가 제 삶의 주인이라는 전제를 듣는 이 앞에 내놓습니다.
'너 스스로 네 인생의 주인인데,
어찌 네 삶을 헐값에 내놓거나 시궁창에 내동댕이치겠느냐'고 묻는 겁니다.

그리고는 던지는 간명한 답,
가벼우면 저 자신의 본질을 지켜낼 수 없고
서두르면 해야 할 중요한 일을 놓쳐
남의 장단에 놀아나게 된다는 것!

천천히 자신을 놓치지 않고 걸으며
주어진 일을 담담하게 풀어내며 살아갈 수 있는 삶,
인권과 거기 속한 자유가 보장되는 세계는
모든 불행한 역사 속에서도 포기하지 않은 인류의 한결같은 꿈이었습니다.

그것이 가능하다는 것을 사회 구성원 대부분이 공감하는
그런 세상을 지향하는 자리,
거기서 존재의 꽃도 피고 삶의 향기도 우러난다는 가르침은
놓치지 말고 붙잡고 있어야 할
따뜻하면서도 아름다운 삶의 좌우명입니다.

둘째 마당

잠시 숨을 고르며

젊었을 때 요한바오로 2세가 우리나라에 온 것을 보았습니다.
참 곱게 늙었다는 생각이 들어
나도 저렇게 늙었으면 좋겠다 싶었습니다.

조금 더 나이를 먹었을 때 황혼의 아름다움을 알았습니다.
늙는 것이 초라해지는 것이 아닐 수도 있겠다 싶었고
나이를 먹는 것이 두렵지 않았는데
이제는 제법 나이를 먹었습니다.

내 삶에 황혼이 드리우고 있는데
지금 나는 곱게 늙어가는지를
가만히 물어 봅니다.

스물일곱

깔끔하고 산뜻한 삶을 위한 제언

글마루

善行(선행)은 無轍迹(무철적)하고 善言(선언)은 無瑕謫(무하적)하며 善數(선수)는 不用籌策(불용주책)이요 善閉(선폐)는 無關鍵而(무관건이)이나 不可開(불가개)요 善結(선결)은 無繩約而(무승약이)이나 不可解(불가해)니라.

是以(시이)로 聖人(성인)은 常善求人(상선구인)하니 故(고)로 無棄人(무기인)이요 常善求物(상선구물)하니 故(고)로 無棄物(무기물)이니 是謂襲明(시위습명)이니라.

故(고)로 善人者(선인자)는 不善人之師(불선인지사)요 不善人者(불선인자)는 善人之資(선인지자)니 不貴其師(불귀기사)하고 不愛其資(불애기자)라면 雖智(수지)라도 大迷(대미)일지니 是謂要妙(시위요묘)니라.

풀이

제대로 걸어간 자리는 발자국이 어지럽게 남지 않고
잘 한 말에는 앙금이 남지 않으며
셈을 제대로 할 줄 아는 이는 계산기를 쓰지 않으며
잘 닫은 문은 빗장과 열쇠를 두지 않아도 열 사람이 없으며 제대로 된 맺음은 약속의 증표 없더라도 깨어지지 않는다.

그러므로 제대로 사는 이는 사람을 구하되 버려지는 사람이 없고,
사물을 구하되 버려지는 것이 없으니
이를 일러 참된 깨달음을 이어받았다고 한다.

그러므로 제대로 사는 이는
그렇지 못한 이의 스승이 되고,
제대로 할 줄 모르는 사람은
제대로 하는 이의 거울이 되니,

그 스승이 귀한 줄 모르거나
그 거울을 아낄 줄 모른다면
비록 많이 안다 하더라도 크게 혼란스러울 수밖에 없으니
이를 일러 삶의 오묘함이라고 한다.

이야기

서로 마주 바라보고 있는 두 가게가 있었습니다.

한 가게의 주인은 인색하기는 했지만 남에게 피해를 끼치는 일은 하지 않았고
매사에 꼼꼼하고 야무져서 손해를 보는 일은 결코 없었으며

무슨 일이 생겼을 때 지킬 수 있는 모든 장치들을 마련해 두었습니다.

도둑이나 강도가 들어왔을 때 그들로부터 가게의 물건을 보호할 수 있도록
경보장치도 마련하고, 혹시 모를 경우를 대비하여
스스로를 지킬 수 있도록 신체도 단련하고
적절한 무기도 늘 손에 잡히는 곳에 두고 살았습니다.

다른 한 가게는 사람이 좀 허술하기도 하여
때로 외상값을 떼이기도 하고 빌려준 돈을 못 받는 수도 있었으며
그럼에도 불구하고 자신이나 물건들을 지킬 수 있는 어떤 장치를 하지도 않았는데
그에게 하나의 장점이 있었다면
착하고 부지런하다는 것을 꼽을 수 있었습니다.

두 가게는 서로 경쟁하는 사이이긴 했지만
특별히 다투거나 분쟁이 생기는 일은 없었는데
두 가게의 주인이 서로 같은 날 쉬고 같은 날 문을 열기로 하는 약속은 잘 지키며
그런대로 잘 지내고 있었습니다.

어느 날 두 사람이 모두 가게 문을 닫고
하루걸이 나들이를 다녀오려고 길을 나섰는데
뜻하지 않은 일이 생겨 밤이 늦도록 돌아오지 못했고
새벽에서야 겨우 집에 도착할 수 있었는데

그 저녁에 두 집이 모두 무너지는 사고가 생겼습니다.

돌아온 두 사람 모두 망연자실할 수밖에 없었는데
놀라운 일이 있었습니다.
꼼꼼하고 야무지게 살던 사람의 집 금고는 없어지고
허술하게 살던 사람의 물건은 없어진 것이 아무 것도 없었던 겁니다.

그걸 본 사람이 다른 이들에게 이 이야기를 들려주었더니
어떤 사람은 사필귀정이라느니
어떤 이는 권선징악의 이야기라느니
또 다른 사람은 누군가 의도적으로 꼼꼼하고 야무진 집에 대한 앙심을 품고 있었느니
입 가진 사람마다 한마디씩 말을 하여 괜히 더 시끄러워지기만 했습니다.

성서에 보면 '네 보물을 하늘에 쌓아 두라'는 말이 있습니다.
교회에 가면 이 말을 '열심히 헌금하라'는 말로 쓰는 경우가 흔한데
그 또한 서글픈 해석이라는 것은
생각을 조금만 하는 이들이라면 다 헤아릴 수 있는 일입니다.

결국 한 사람의 금고는 없어지고
또 한 사람의 금고는 남아 있더라는 것이 이야기의 중심이 아니라는 겁니다.
말 전하는 이가 하고자 하는 이야기의 핵심은
존재와 삶에 대한 본질적인 이야기라는 사실이고

우리가 이 세상에 온 것이 우연인 것만은 틀림없는 일이지만
그럼에도 '왜 우리가 이 세상에 왔는지'를 묻는
그 물음은 언제고 놓치지 말아야 할 숙제이며
그것은 문제가 복잡하다고 해서 답을 찾는 길도 복잡한 것은 아니라는 말입니다.

삶에 있어 대부분의 문제들은 자신이 불러들인 것이거나
제 것 아닌 것을 삼키려고 덤벼서 생긴 것이니
그것을 살필 줄 안다면
지켜진 것이 금고가 아니라, 본질적이고 궁극적인 지향점이었다는 것,

알아듣는 순간에 환하게 열리는 눈,
삶이란 그 숙제를 잘 풀어가는 하나의 과정은 아닐는지요?

스물여덟

길들여지거나 얽매이지 않고

글마루

知其雄(지기웅)하고 守其雌(수기자)하면 爲天下谿(위천하계)니 爲天下谿(위천하계)면 常德(상덕)이 不離(불리)하여 復歸於嬰兒(복귀어영아)이리라.

知其白(지기백)하고 守其黑(수기흑)이면 爲天下式(위천하식)이니 爲天下式(위천하식)이면 常德(상덕)이 不忒(불특)하여 復歸於無極(복귀어무극)이리라.

知其榮(지기영)하고 守其辱(수기욕)이면 爲天下谷(위천하곡)이니 爲天下谷(위천하곡)이면 常德(상덕)이 乃足(내족)하여 復歸於樸(복귀어박)이라.

樸散則爲器(박산즉위기)니 聖人(성인)이 用之(용지)에 則爲官長(즉위관장)이리니 故(고)로 大制(대제)는 不割(불할)이니라.

풀이

수컷을 알고 암컷을 지키면
생명세계의 골짜기가 되리니
그리하면 생명의 길에서 벗어나지 않아
돌이켜 갓난아기처럼 될 수 있을 것이다.

흰 것을 알고 검은 것을 지키면
생명세계의 법도가 될 것이니
천하의 법도가 된다면 그 길이 어긋나지 않아
돌이켜 모든 것의 출발점이 될 것이다.

영화로움을 알고 수치스러움을 지키면
생명질서의 근원이 되리니
그리하면 그 이루는 일들이 모자람이 없어
돌이켜 있는 그대로 살아갈 수 있을 것이다.

있는 그대로 살아가는 그 자체가 그의 존재 의미이니
제대로 쓸 줄 아는 이가 그의 존재 가치를 따라 쓰게 되고
바람직한 들어 씀(起用)에 곧 맡은 자리의 으뜸 자리를 지키게 될 것이니
제대로 쓴다는 것은 쪼개거나 깨뜨리지 않는 것이다.

이야기

언제부터인가 우리 사회에서 소통(疏通)이라는 말을 많이 쓰는 것을 보게 됩니다.

신기하게도 그 말이 많이 쓰이던 때가
소통이 가장 안 되던 때였다는 데에는 많은 이들이 동의를 할 터,
이 말은 본래 권력을 가진 자가 써서는 안 되는 것이라는 점도 말하지 않을 수 없습니다.

모든 생명은 누군가와 함께할 때
서로 조금씩 깎이거나 베어내지 않으면 안 되는 상황들을 맞이합니다.
소통이라는 것이 또한 그런 속성을 갖고 있습니다.
상대방의 말이나 뜻을 알아듣는다는 것
그것은 내 가치관이나 주관, 또는 주장의 일부를 포기한다는 뜻이니
소통에는 자신의 일부를 포기하고
그 포기한 자리가 상대방의 말이나 뜻으로 채워지는 것,
그것이 일방적인 것이 아니라 쌍방에서 동시에 일어날 때
비로소 '소통이 되었다'고 말할 수 있는 까닭입니다.

이야기는 다시 여성과 남성의 관계에 대한 것으로 시작됩니다.
수컷됨을 알고, 암컷의 암컷임을 지켜가는 것이
세상의 기초가 되는 흐름이라는 말
이어서 백과 흑, 얻어 누리는 자와 그렇지 못하여 서글픈 사람
이렇게 되면 관계의 논리는 복잡해질 수 있습니다.

그런데 해법을 간단한 데서 찾고 있습니다.
다들 있는 그대로 살아갈 수 있는 세상,
그럼에도 불구하고 어우러지면서 서로 조금씩 자신의 것을 내려놓은 관계,
그렇지만 다른 이에게 무한한 포기를 강요하지 않는 가운데 형성되는 질서,
다시 말하면 길들이지도 얽어매려고 굴레를 씌우지도 않는,
그러면서 서로 자신이 갖고 있는 역량을

충분히 발휘하며 살아갈 수 있는 사회일 때
건강한 세계라는 말을 할 수 있다는 것이
여기서 말하는 가르침의 핵심이라는 말입니다.

말로는 쉽지만 그런 사회를 이루기에는 길이 멀기만 한데
예전에 프랑스의 소설가 베르나르 베르베르가 와서 했다는 말이
얼핏 떠오릅니다.
"인류는 아직 지구라는 생명공동체에 적응한 종(種)이 아닙니다.
적응하기까지 걸리는 시간은
문학적 셈법으로 볼 때 일천 년이라고 봅니다."

이야기를 여기까지 하니 생전의 내 아버지가 떠오릅니다.
얽힌 실을 풀지 않고 그냥 끊으면
자식의 앞날이 그렇게 툭툭 끊기고 막힌다면서
별 것 아니던 엉킨 실을 시간 들여 꼼꼼하게 풀어내느라
등 굽히고 흐려진 눈 부벼가며 골몰하던 모습,
사실이 그러냐 아니냐가 문제가 아니고
자신의 현 상황과 이어지는 자식의 미래까지를 헤아리는 고민이었음을
이제야 알아차린다는 말까지 해 두고

나는 그런 깊이 있는 성찰을 하고 있는지를 물으며
다음 이야기로 넘어가기로 합니다.

스물아홉

이 세상 그 어느 것도

글마루

將欲取天下而爲之(장욕취천하이위지)는 吾見其不得已(오견기부득이)라.

天下(천하)는 神器(신기)니 不可爲也(불가위야)요 爲者(위자)는 敗之(패지)하고 執者(집자)는 失之(실지)니라.

故(고)로 物(물)은 或行或隨(혹행혹수)하고 或歔或吹(혹허혹취)하며 或强或羸(혹강혹리)하고 或挫或隳(혹좌혹휴)하니 是以(시이)로 聖人(성인)은 去甚(거심)하고 去奢(거사)하며 去泰(거태)하느니라.

풀이

세상을 움켜쥐고 제멋대로 주무르려고 하는 짓은
내가 보기에는 어림도 없는 일이다.

세상이라고 하는 것은 끝을 알 수 없는 그릇과 같으니
멋대로 주무를 수 있는 것이 아니다.
주무르려고 하면 그르치고 움켜쥐려고 하면 놓치게 된다.

그러므로 세상 모든 것은
때로는 가기도 하고 오기도 하며 들이쉬기도 하고 내쉬기도 하며
강해지기도 여려지기도 하고 세우기도 하고 무너뜨리기도 하는 것,

그렇기 때문에 제대로 사는 이는
지나친 것에서 물러서고 겉치레를 물리치며 부풀리기를 하지 않는다.

이야기

우리 역사상 최대의 범죄를 꼽으라면
나는 당연하게 '4대강살리기사업'이라는 해괴한 짓을 꼽습니다.
강이 사람을 살린다는 말은 성립이 되지만
사람이 강을 살린다는 것은
오만과 무지가 더러운 결탁을 한 사고의 산물입니다.

이 일을 성사시키기 위해서 국민을 이간질하여 갈등구조를 만들었고
수많은 이들을 혼란에 빠뜨리면서 결국 계획을 세워
엄청난 국가재정을 퍼부으며
한반도의 큰 젖줄 넷을 물쓰레기로 만든 짓은
국토에 대한 범죄이고, 국가 재정에 대한 범죄이며
국민을 현혹·기만하기 위해 여론의 조작과 분열을 통해 엮어낸,
그 무엇과도 견줄 수 없는 패륜의 극치였습니다.

물론 그래도 강은 또 제 길을 가고 겨우 겨우 살아나면서
사람은 말할 것도 없고
모든 생명을 품을 것임을 모르지는 않으니
그나마 안심할 수는 있지만
그럼에도 불구하고 이 상처가 다 아물기까지는
적지 않은 세월이 필요할 것입니다.

이 세상 그 어떤 것도 내 마음에 들기 위해 생겨난 것이 없고
그렇기 때문에 내 뜻대로 주무르거나 조작해서는 안 된다는 것이 생명의 진실임을 살피는데
존재의 의미와 무게 앞에 신중할 것을
작지만 분명하게 선언하는 이 가르침 앞에서
큰 절 한 번 올리며 가던 길 마저 가려고
다시 걸음을 옮깁니다.

서른

삶을 살 줄 안다는 것

글마루

以道佐人主者[19](이도좌인주자)는 不以兵强天下(불이병강천하)요 其事(기사)는 好還(호환)이라.

師之所處(사지소처)에는 荊棘生焉(형극생언)이요 大軍之後(대군지후)에는 必有凶年(필유흉년)이니라.

善(선)은 有果而已(유과이이)니 不敢以取强(불감이취강)이라.

果而勿矜(과이물긍)하고 果而勿伐(과이물벌)하며 果而勿驕(과이물교)하고 果而不得已(과이부득이)하며 果而勿强(과이물강)이라.

物壯則老(물장즉노)는 是謂不道(시위불도)요 不道(불도)면 早已(조이)니라.

풀이

제게 주어진 일을 올바로 풀어내는 것은

19) 일반적으로 이 말은 '임금이나 통치자를 도와 일을 도모하려는 것'으로 풀이를 하기 쉽습니다. 그러나 나는 여기서 主(주)를 '일'이라고 풀이하는 것이 오늘날의 상황에서 더 적절하다고 보았습니다.

무기와 군대와 같은 물리력으로 하는 것이 아니니
무엇이든 그 한 대로 돌아오는 까닭이다.

전쟁이 끝난 자리에는 가시덤불이 무성하고
군사의 무리가 휩쓸고 간 자리에는 반드시 흉년이 뒤따른다.

그러니 그것은 잘된 것 같더라도 단지 그것으로 그칠 뿐
섣불리 힘을 방편으로 쓸 일이 아니다.
이루었다 하더라도 뽐내거나 군림하거나 우쭐대지 말 일이며
그 이루었다는 경험 때문에 물리력을 수단으로 삼을 일이 아니다.

모든 것이 자라면 늙지만 그것은 도라고 할 수 없으니
도가 아닌 것은 쉽게 이지러진다.

이야기

언제나 물리력이라는 것은 어리석은 자의 수단입니다.
자기 중심적 사고, 독선, 아집, 배타적 이기심,
이긴 자가 모든 것을 누리는 것, 오만과 편견 같은 것들이 배경을 이루는
물리력은 폭력적일 수밖에 없습니다.
거기에 이성적 사고나 보편적 상식은 끼어들 여지가 없으니
결국은 비인간화의 지름길입니다.

그런 것으로 일을 풀려 한다면
그 끝은 참담할 수밖에 없다는 것이
師之所處(사지소처)에는 荊棘生焉(형극생언)이요
大軍之後(대군지후)에는 必有凶年(필유흉년)이라는 가르침!

이것 하나만 기억한다면
다른 말이야 해서 무엇하겠습니까마는
그래도 하나 덧붙이고 싶은 것이 있으니
무릇 모든 것이 자라면 늙는다고들 하지만
그것은 제대로 살았다고 할 수 없는 일이고
꽃이 진 자리에 열매가 맺는다는 걸 헤아리면
낡고 추레해지는 늙음이 아니라
그윽한 깊이를 가지고 부드럽게 되어가는 무르익음입니다.

석양도 곱다는 것이야 다들 아는 사실인데
다만 서두르다가 삶을 그르쳐
제풀에 시들어 주저앉는 일은 없어야겠지요?

서른하나

인생은 승부가 아니니

글마루

夫佳兵者(부가병자)는 不祥之器(불상지기)니 物或惡之(물혹오지)요 故(고)로 有道者(유도자)는 不處(불처)니라.

君子(군자)는 居則貴左(거즉귀좌)하고 用兵則貴右(용병즉귀우)니라.

兵者(병자)는 不祥之器(불상지기)니 非君子之器(비군자지기)라 不得已而用之(부득이이용지)에는 恬淡爲上(염담위상)이니 勝而不美(승이불미)요 而美之者(이미지자)는 是樂殺人(시락살인)이며 夫樂殺人者(부락살인자)는 則不可以得志於天下矣(즉불가이득지어천하의)니라.

吉事(길사)에는 尙左(상좌)하고 凶事(흉사)에는 尙右(상우)하니 偏將軍(편장군)은 居左(거좌)하고 上將軍(상장군)은 居右(거우)하니 言以喪禮處之(언이상례처지)라.

殺人之衆(살인지중)은 以哀悲泣之(이애비읍지)니 戰勝(전승)은 以喪禮處之(이상례처지)니라.

풀이

무릇 좋은 무기라고 하는 것은 바람직하지 못한 도구이니 모두가 싫어한다.
따라서 제대로 사는 사람은 거기 머물지 않는다.

됨됨이 바른 사람은 그 머물음에는 왼쪽을 귀히 여기고
무기를 쓸 때는 오른쪽을 귀히 여긴다.

무기라는 것은 좋지 못한 물건이니
몹쓸 사람들의 도구다.
어쩔 수 없이 쓰게 될 때에는
그것의 속성에 감정이 휘말리지 않아야 하며
(그것을 써서) 이기게 되었거든 기뻐하지 말아야 한다.
이기는 것을 좋아하는 것은 살인을 즐기는 것이니
사람 죽이는 것을 즐겨서는 그 하고자 하는 어떤 일도 제대로 이룰 수 없다.

좋은 일에는 왼쪽을 우러르고 흉한 일에는 오른쪽을 우러르니
편장군을 왼쪽에, 상장군을 오른쪽에 둔다는 것은
상례(喪禮)로 자리를 정하는 것을 이르는 말이다.

사람을 많이 죽이는 것은
슬픔과 괴로움으로 울 일뿐이니
전쟁에 이기는 것이 상례일 수밖에 없는 것이다.

이야기

생명의 본성은 이기고 지는 것에도 있지 않고
그런 것을 가리는 일에도 관심이 없습니다.
이 세상 그 무엇도 남을 이겨 타고 오르려 생겨나지 않았습니다.

인간이 오랜 생존실험 끝에 비로소 이 지구라는 아름다운 별에서
간신히 자리를 잡은 다음에 가야 할 자리는
다른 생명들과 어떻게 조화롭게 어우러질 수 있는지를 찾는
바로 거기여야 하는데
길을 잘못 들어 생명세계에서의 자기 위치를 찾는 쪽으로 가지 않고
내 것과 남의 것을 가리고
그 가리는 자리에 금을 그어 경계를 만들고
서로 자신의 것을 더 많이 가지기 위해
또는 살아감에 있어서 더 유리한 자리를 차지하려고
싸움을 시작하게 된 것입니다.

결국 어찌 보면 인류의 역사라고 하는 것이
무기의 역사라고 해도 될 정도로 부끄러운 길을 걸어왔고
아직도 여기서 벗어나지 못하고
갖가지 유형·무형의 무기를 만드는 일에 골몰합니다.

더 좋은 무기를 가진 자가 세계를 지배할 수 있다는 생각을

옛늙은이는 망상(妄想)이라고 말하며
거기서 벗어나는 것만이
생명세계에서 생명으로 살아가는 길임을 안다면
싸우거나 싸움을 준비하며,
마침내 이기는 것으로 천하를 얻겠다고 하는 것이
얼마나 허망한 계산인지를 일러줍니다.

그럼에도 끝나지 않은 대립과 갈등,
그리고 마침내 전쟁으로 이어지는 이 반생명적 역사가 계속되니
옛늙은이는 죽어서도 죽지 못하고 이렇게 끊임없이 이야기를 거듭하고 있는 겁니다.
이제 우리가 생명들 가운데 하나이고
어우러지는 것만이 살아가는 길이라는 것을 알아차려
과감히 방향을 바꿔야 할 때입니다.

인식의 전환이 이루어지지 않고서는
인류에게 미래는 늘 어두울 수밖에 없다는 것이 현재의 상황에서
참으로 소중한 것이 어떤 것인지를 우리에게 일러주는
생명세계의 어우러짐이 갖고 있는 자연스러움,

아침이면 어김없이 떠오르는 해와
무엇이든 충분히 자라면 무르익어 다음 삶을 준비하는
저 아름다운 생명질서의 조화,

늦었지만 그것을 지금이라도 우리도 배워

걸음을 바꾸지 않으면 안 된다는 가르침이 마냥 고맙기만 하지만
생명세계에 인간이 함께 어우러지기까지는
아무래도 많은 세월이 필요하다는 것을 헤아리며
더 멀리 내다보는 눈을 지녀야 함을 다시 한 번 확인합니다.

서른둘

물이 바다를 이루는 것처럼

글마루

道常無名(도상무명)이라.

樸雖小(박수소)나 天下莫能臣也(천하막능신야)요 侯王[20]若能守之(후왕약능수지)면 萬物將自賓(만물장자빈)이니라.

天地相合(천지상합)이면 以降甘露(이강감로)요 民莫之令(민막지령)이면 而自均(이자균)이라.

始制有名(시제유명)에 名亦旣有(명역기유)요 夫亦將知止(부역장지지)니 知止(지지)면 可以不殆(가이불태)요 譬(비)컨대 道之在天下(도지재천하)는 猶川谷之於江海(유천곡지어강해)니라.

풀이

도라는 것은 본디 이름이 없다.

20) 여기서도 역시 侯王(후왕)을 '임금과 제후'로 풀지 않고 '일을 하고자 하는 사람'으로 보았습니다.

제 삶을 제가 사는 존재는

비록 작다 하더라도 세상에 누구도 부릴 수 없으니

일하는 이가 이를 지킨다면 뭇 생명들이 스스로 손님으로 다가올 것이다.

하늘과 땅이 서로 어우러질 때 단 이슬이 내리고,

사람들을 부리려고 하지 않으면 저절로 모든 것이 고르게 된다.

제도의 시작에 이름이 생겨나고

이름이 존재를 제한하지만

이 또한 멈출 줄 알아야 할 것이며,

멈출 줄 알면 위태로운 곳에 이르지 않게 되니,

비유하자면 도가 온 누리에 가득한 모습은

작은 물들이 내가 되고 강을 이루다가

마침내 바다를 이루는 것과 같다고 할 것이다.

이야기

이 장(章)은 마치 『도덕경』 전체의 내용을

모두 요약하여 담으려고 한 것처럼 보이기도 합니다.

道(도)를 말하는 것으로 시작하여

도덕경에서 핵심적인 글자인 樸(박)과 함께

道(도)에 가까운 것들 중 으뜸으로 꼽는 물까지…….

그리고 제 삶을 있는 그대로 살아가는 이는
그 누구도 얽어매거나 길들일 수 없다는 절대자유,
그리고 맨 나중에 작은 데서 시작하여
시내가 되고, 시내가 합쳐 다시 강을 이루다가
마침내 바다가 되는…….

생명세계라는 것이 본디 이러하니
누가 뭐라고 하거나 아랑곳하지 않고
그저 흐르고 또 흐르며 제 길을 놓치지 않는 물을 보면
거룩하다는 말의 뜻이 무엇인지 알 듯싶습니다.

절대자유는 위에서 누릴 수 있는 것이 아니라는 사실과
그 누구도 얽어매거나 길들일 수 없는 생명의 본성을 알고
단 한 순간을 살아도 무릎 꿇지 않는,
삶의 마지막 자리라 하더라도 제 삶을 헐값에 내놓지 않는,
그런 자리에서 보면 모든 존재의 의미와 가치
그 또한 거룩함입니다.

서른셋

무엇이 더 요긴한 것인가

글마루

知人[21]者(지인자)는 智(지)요 自知者(자지자)는 明(명)이며 勝人者(승인자)는 有力(유력)이요 自勝者(자승자)는 强(강)이며 知足者(지족자)는 富(부)하고 强行者(강행자)는 有志(유지)요 不失其所者(부실기소자)는 久(구)하고 死而不亡者(사이불망자)를 壽(수)라 하느니라.

풀이

남을 아는 것을 슬기라 할 것이고
저를 아는 것을 깨달음이라 하며
남을 이기는 것을 힘이 있다고 하고
자신을 이기는 것을 강하다고 하며
무엇이 만족인지 아는 사람을 부유하다고 하고
힘찬 실천은 뜻을 세운 데서 나오고
저 있어야 할 자리에 있는 것을 오래 살았다고 하며

21) 대부분의 문장에서 人(인)은 '남' 곧, '타인'을 뜻합니다.

죽어서도 잊히지 않는 사람을
참으로 오래 살았다고 할 것이다.

이야기

『도덕경』이 직접 말하지는 않지만
끊임없이 암시하는 은근한 가르침이 있는데
그것은 다름 아닌 '지금 여기'와 '있는 그대로'입니다.

시간의 성격을 깊이 들여다 보면
'지금'이라는 시간이 존재한다고 말할 수 없으나
인간의 의식 안에서는 그 존재하지 않는 시간을 실재(實在)로 경험합니다.

아마도 이것은 그동안 우리가 시간을 크게 나누어서
일 년이라고 하는 지금, 한 계절이라고 하는 지금,
한 달이나 한 주, 또는 오늘이라고 하는 시간 단위들을
현재로 인식한 데서 오는 경험의 결과일 것입니다.

현대물리학의 등장으로 고전물리학의 절대적 가치들이 해체되고
시간이나 공간의 단위가 프랑크상수 이하까지 고려되는 시대를 살면서
현재라는 시간이 존재하지 않는다는 것,
현재라고 말하는 순간 그 현재가 과거가 되어버리고 만다는 것을 생각

하면

현대물리학적 성과 앞에서
시간, 공간, 존재, 비존재의 개념까지도
새로운 가치의 형성을 요구하는 것이 현재의 상황입니다.

그럼에도 실제로 모든 살아있는 것들에게 주어진 시간은
그 존재하지 않는 '지금의 여기'라는 것은 틀림없는 일인데
인식 안에서만 존재한다는 한계가 있긴 하나
과거의 총합인 동시에 미래를 결정하는 열쇠입니다.

그 지금 여기서 자신과 자신의 주위에 있는 것들을
있는 그대로 보려고 하는 시도는
존재하는 그 순간의 가치를 비로소 제대로 쓸 줄 아는 것이며,
서 있는 그 자리에서 지나온 날을 돌아보고
나아갈 길을 내다보면서
그저 한 걸음 한 걸음을 찬찬히 내딛는 그런 삶을 두고
탄탄하다고 할 수 있을 것입니다.

서른넷

마침내 다 이루는 길

글마루

大道[22](대도)는 氾兮(범혜)니 其可左右(기가좌우)니라.

萬物(만물)이 恃之而生而(시지이생이)이나 不辭(불사)하고 功成(공성)이나 不名有(불명유)하며 衣養萬物而(의양만물이)이나 不爲主(불위주)는 常無欲(상무욕)이니 可名於小(가명어소)요,

萬物歸焉而(만물귀언이)이나 不爲主(불위주)하니 可名於大(가명어대)인데 以其終不自爲大(이기종불자위대)하니 故(고)로 能成其大(능성기대)하느니라.

풀이

무릇 도라고 하는 것은
온 세상을 두루 덮을 수 있으니
왼쪽이나 오른쪽에 치우칠 일이 없다.

22) 그렇게 해도 되는지는 모르지만 여기서 大(대)를 지시대명사로 읽기로 합니다. 道(도)에 대한 강조로 읽을 수도 있지만 그게 더 적절하다고 생각한 까닭입니다.

모든 살아 있는 것들이 거기 기대어 살아가지만
그렇다고 생색내는 일이 없고
공을 이루지만
거기 제 이름을 적어 넣으려 하지 않으며
모든 것들이 그에 힘입어 살아감에도
주인의 자리에 앉지 않아 다른 의도를 품지 않으니
그 이름을 보잘것없다고 하는 이도 있지만
모든 것들이 또한 그리로 돌아감에도
주인의 자리를 마다하니
그 이름을 크다고 할 수밖에 없는데

그럼에도 끝내 스스로 크다고 여기는 일 없으니
그렇기 때문에 마침내 참으로 큰 것을 이룬다.

이야기

얼핏 앞에서 본,
모든 것을 껴안아 그 가치관의 기준이 되게 한다는
抱一爲天下式(포일위천하식)이 떠오릅니다.

오랫동안 색깔논쟁과 진영논리로 여론을 분열시키고
일삼아 대립과 갈등의 사회구조를 만들면서
제 잇속만 챙기던 정치세력 무리들이

부끄러워해야 할 가르침이기도합니다.

거기에 들끓던 거짓말과
그 거짓말을 정당화하려는 여론 조작이나 이간질을 통해 만들어낸 혼란을
수단이나 도구로 사용하고
국민이 거기 놀아나는 것을 애국과 혼동하게 하는
파렴치한 소꿉놀이가 거기 있었습니다.

하기야 유치함의 극점에서 꼭두광대 춤을 추는 무리들이
어찌 부끄러움을 알겠는가를 헤아리면
옛늙은이의 가르침을 이야기하는 자리에서
그런 무리들을 거론하는 것 자체가
큰 어른을 더럽히는 짓은 아닐까 싶어 조심스럽기도 합니다.

무슨 일을 하건, 어떤 일을 이루건
그것을 자신이 했다고 생색을 내지도 않고
다만 할 수 있는 일을 한 것뿐이니 자랑스러울 것도
그 일의 결과를 혼자 독점할 어떤 이유도 없다는 말!

한 걸음 더 나아가면
모두가 함께 있었기 때문에 그 모든 이루어진 일들이 가능다고 하며
그게 어디 내 것이겠느냐는 뜻까지 포함되어 있으니
판을 읽는 눈길의 깊이 앞에서 그저 숙연해질 수밖에 없습니다.

그러고 보면 옛늙은이는 한 분이 아니라
우리 곁에, 또는 우리와 한 시대에 살면서
보다 나은 세상을 향한 지향을 놓지 않았던 많은 이들이 또한
그 이름으로 불릴 수 있겠다 싶고,

그런 이들과 한 시대를 같이 살았다는 것,
그런 어른들과 한 하늘을 머리 위에 두고 지내며
숨 나누어 쉬었다는 것이
기쁨이기도 하고 삶의 큰 재산이라는 사실도
조금은 헤아릴 수 있을 듯 합니다.

서른다섯

쓰임이 무한한 까닭은

글마루

執大象(집대상)하면 天下(천하)가 往(왕)하니 往而不害(왕이불해)하고 安平太(안평태)요 樂與餌(낙여이)에 過客止(과객지)라.

道之出口(도지출구)는 淡乎(담호)라 其無味(기무미)하여 視之不足見(시지부족견)이요 聽之不足聞(청지부족문)이나 用之(용지)에도 不可旣(불가기)니라.

풀이

참으로 큰 것을 품고 삶의 넓은 마당으로 나아가는 것

그렇게 나아가도 해로움이 없고
두루 평안하며 즐거움과 맛난 음식은
나그네를 머물게 한다.

도가 나오는 자리는
담담하여 아무 맛도 없는 것처럼 보이며
보아도 보이지 않고 들어도 들리지 않지만

그것이 쓰임에 있어서는
다함이 없다.

이야기

써도 다함이 없다는 말 앞에 붙이고 싶은 게 있으니,
쫓아오는 이가 없어도 달아나고
아무도 가두지 않았는데 스스로 갇혀 사는 그런 사람들은
그에게 어떤 큰 역량이 있어도 그것이 제대로 쓰이는 일은
별로 없더라는 겁니다.

자유에는 걸림이 없는 것,
大象(대상)이라는 그것이 하늘로부터 부여받은 삶의 모습임을 헤아린다면
괜히 쫓길 수도 갇힐 수도 없으니
거기서 나오는 넉넉함 안에서 피워 올리는 세 송이 꽃,
그게 바로 두루 평안함과 즐거움, 그리고 먹을 것 넉넉함입니다.

그 꽃향기 그윽한 이 세상이라는 잔치마당에 초대받은 인생은
함께 어우러져 같이 누리는 행복을 찾는 일로도 바쁘고 또 바쁜데
엉뚱한 곳에 가진 역량을 쏟고
부질없는 일로 소중한 시간 낭비하는 일처럼 안타까운 일도 별로 없습

니다.

여기서 우리가 지향해야 할 삶의 참 모습은 어떤 것인지를 살펴
거기서 나오는 신비로운 힘으로 내디디는 발걸음의 이름은
'사람다움의 참뜻'이라고 부를 수 있을 터,
자신에게 돌아올 이익이 아니라, 오로지 사람의 길을 찾아가는 구도(求道)를 말함이니

언뜻 보기에는 아무 것도 아닌 것 같지만
가고 또 가도 지칠 까닭이 없다는 점을 일깨우며
발뒤꿈치에 절로 힘이 솟게 하는 옛늙은이의 응원입니다.

서른여섯

노루가 호랑이를 이기고

글마루

將欲歙之(장욕흡지)엔 必固張之(필고장지)하고 將欲弱之(장욕약지)엔 必固强之(필고강지)하며 將欲廢之(장욕폐지)엔 必固興之(필고흥지)하고 將欲奪之(장욕탈지)엔 必固與之(필고여지)니 是謂微明(시위미명)이니라.

柔弱(유약)은 勝剛强(승강강)이요 魚(어)는 不可脫於淵(불가탈어연)이며 國之利器(국지리기)는 不可以示人(불가이시인)이니라.

풀이

웅크리려는 것은 반드시 먼저 펴고
약해지려는 것은 반드시 먼저 강해지며
스러지려는 것은 반드시 먼저 크게 일어나고
가져갈 것이 있을 때는 반드시 먼저 주는 법
이를 일러 오묘한 깨달음이라고 한다.

부드럽고 여린 것이 굳세고 단단한 것을 이기고
물고기는 연못을 벗어나지 않는데

제게 있는 참으로 소중한 물건은 남에게 드러내 보여서는 안 된다.

이야기

언뜻 보면 값싼 처세론처럼 보이는 이야기로 시작됩니다만
이것은 사람과 사람의 관계에서 일어나는 일에 대한 이야기는 아닙니다.
그 뚜렷한 증거는 부드럽고 여린 것이
굳세고 단단한 것을 이긴다는 말인데
이런 일은 인간의 세계에서는 거의 일어나지 않습니다.

『도덕경』의 가르침이 다른 경전이나 고전과 다르다는 것은
어떤 사회질서를 공고하게,
또는 안정되게 하기 위한 것이 아니라는 점입니다.
그렇기 때문에 강자나 권력자의 입장에 서는 것을
철저하게 배제하는 논리를 펼치고 있습니다.

생명의 기원에 대한 철학적 진술로부터 시작해서
생명과 생명의 현실적 관계를 살피고
생명들이 어우러지는 자연의 생명질서에 근거하여
제대로 된 인간과 인간의 관계라는 삶의 길을 찾고 제시한다는 점을 눈여겨봅니다.

즉 『도덕경』은 시간과 공간을 넘어서는 생명의 시원으로부터 시작하

지만
단지 그것을 시간적으로 읽어내는 것이 아니라
지금도 끊임없이 일어나고 있는
우주의 탄생, 생명의 노래와 춤을 통한 어우러짐,
거기 있는 삶의 기쁨과 의미들을 배우면
인간도 비로소 생명세계의 한 구성원으로 살아갈 길이 보인다는 것입니다.
이에 대한 깊이 있는 성찰과 가야 할 길의 제시들이 넘치는데
어찌 따르지 않고 다른 길을 가겠습니까?

직접 그렇게 말하지는 않았지만
옛늙은이의 이야기를 따르면 노루가 호랑이를 이기고
사자가 사슴을 공경한다는 것입니다.
어찌 호랑이가 노루에게 지느냐 하면
호랑이는 애초에 노루와 전쟁을 벌이는 것이 아니고
전쟁은 생존이 달려있는 노루의 몫인데

다만 노루가 직접 호랑이를 공격하는 것이 아니라
그들은 서로 사랑하고, 열심히 살아가는 것을
그 전략으로 삼는데
결코 호랑이가 노루보다 숫자가 많아지는 일이 없으니
언제나 최후 승리는 늘 노루의 것이라는 겁니다.

사자가 사슴을 공경한다는 것도 비슷한 맥락이고
아무리 풀먹이짐승이 거세게 풀들을 먹어치운다 하더라도

풀이 없어지는 것이 아니라
풀보다는 풀먹이짐승들의 삶이
훨씬 더 고단하다는 것까지를 볼 줄 알았던 어른이
우리보다 한 발 앞서 길을 내며 저기 저렇게 걸어가고 계십니다.

서른일곱

마치 바람이 그러하듯이

글마루

道[23]常無爲而(도상무위이)나 無不爲(무불위)라 侯王(후왕)이 若能守之(약능수지)면 萬物(만물)은 將自化(장자화)니라.

化而欲作(화이욕작)이면 吾將鎭之(오장진지)인데 以無名之樸(이무명지박)이리라.

無名之樸(무명지박)은 夫亦將無欲(부역장무욕)이니 不欲以靜(불욕이정)이면 天下將自定(천하장자정)이니라.

풀이

생명세계의 일들은 아무 것도 하지 않지만
그렇다고 하지 않는 것이 아무 것도 없다.
무엇인가를 하고자 하는 사람이 이것을 지킬 수만 있다면
모든 것은 다 저절로 이루어질 것이나,
이루어지는 것을 억지로 하려 하면

23) 여기서는 '道(도)'를 '생명세계의 일'로 보았습니다.

내가 이것을 진정시킬 터인데,
그 도구는 의지를 갖지 않는 제대로 된 삶이라는 것이다.

의지를 갖지 않은 제대로 된 삶은 또한
언제나 하고자 하는 의도를 앞세우지 않으며
그 의도를 내려놓아 차분해지면
모든 것이 다 제자리를 지키게 될 것이다.

이야기

어렸을 때 시골에서 본 겁니다.
별로 힘들이지 않고 일도 그다지 많이 하지 않는 것 같은데
하는 농사마다 잘 되는 집이 있었고
봄부터 겨울까지 그리고 새벽부터 한밤중까지
쉬지 않고 허덕이며 일은 엄청 많이 하는데
하는 농사마다 시원치 않은 집이 있었습니다.

늘 그게 궁금했는데
아주 오랜 뒤에 또 다른 농사를 시원시원하게 잘 짓는 사람을 만나
그의 이야기를 들은 뒤에야 까닭을 알게 되었습니다.

그의 이야기는 두 가지는 지켜야 한다는 겁니다.
그 하나는 자기가 농사짓는 작목의 성격을 알아서

그것이 잘 발현되도록 하는 일이고
다른 하나는 일을 할 때 뒤처져 쫓아가는 게 아니라
늘 그것들의 성장과 걸음을 맞추면
일은 훨씬 작아지고 효과는 크게 나타난다는 겁니다.

이후 다시 하나 알게 된 게 있는데
농사뿐 아니라 모든 생명세계의 일이 그러하다는 것,
그게 뭐냐 하면
사람이 하는 일은 아주 작은 일부분이고
거의 모든 것은 다 하늘이 한다는 것이었습니다.

사람은 그저 하늘을 따라가기만 하면 되고
다만 성실함과 정직함만이 사람이 취할 길
그러면 늘 하늘, 곧 나와 함께 하는, 또는 내 눈에 보이는
모든 존재들 앞에
겸손하지 않을 수 없습니다.

바람은 아무 것도 하지 않는 것처럼 보입니다.
그러나 겨울에서 봄으로 계절이 바뀔 무렵이면
언제나 바람이 붑니다.
겨울이 지고 봄이 피어나고도 그 바람은 계속해서 불면서
조팝나무가 꽃을 피우는 4월까지도 그치지 않습니다.

어느 눈 밝은 시인이 '누가 바람을 본 적이 있느냐'고 물었는데
나는 하늘에 대고 거듭 묻습니다.

'바람이 무슨 일을 하는지'를.
봄이 무르익다가 마침내 여름으로 바뀔 무렵이면
새 계절을 불러온 바람이 그치지만
그럼에도 때때로 바람은 불곤 합니다.

그저 부는 것이 아니라
모든 살아 있는 것들의 생명현상에 관여하는 것으로 보이는데
구체적으로 무슨 일을 하는지는
아무도 관심을 갖지 않습니다.

물처럼 바람처럼 살면 된다고 한
옛적 어느 시인의 시 한 구절이 절로 떠오르는데
무슨 일을 하실지는 모르지만
지금 내 가슴속으로도 한 줄기 가는 바람이 일렁이며
춤을 춥니다.

서른여덟

뜻을 지닌다는 것이 좋은 일이기는 하지만

글마루

上德(상덕)은 不德(부덕)이니 是以有德(시이유덕)이요 下德(하덕)은 不失德(부실덕)이니 是以無德(시이무덕)이라.

上德(상덕)은 無爲而(무위이)나 無以爲(무이위)하고 下德(하덕)은 爲之而(위지이)나 有以爲(유이위)니라.

上仁(상인)은 爲之而(위지이)나 無以爲(무이위)하고 上義(상의)는 爲之而(위지이)나 有以爲(유이위)하며 上禮(상례)는 爲之而(위지이)에 莫之應(막지응)이면 則攘臂而扔之(즉양비이잉지)니라.

故(고)로 失道而後(실도이후)에 德(덕)이요 失德而後(실덕이후)에 仁(인)이며 失仁而後(실인이후)에 義(의)요 失義而後(실의이후)에 禮(예)니 夫禮者(부례자)는 忠信之薄(충신지박)에 而亂之首(이난지수)니 前識者(전식자)는 道之華而(도지화이)나 愚之始(우지시)라.

是以(시이)로 大丈夫(대장부)는 處其厚(처기후)하고 不居其薄(불거기박)하며 處其實(처기실)하고 不居其華(불거기화)하니 故(고)로 去彼取此(거피취차)하느니라.

풀이

참된 덕은 덕인지도 모르니
그러므로 덕이 일그러지지 않으며
덕스럽지 않은 것은 덕이 손상될까 걱정을 하니
그러므로 알고 보면 덕이라 할 수 없다.

제대로 된 덕은 자연스러워서 억지를 쓰지 않지만
흉내만 내는 덕은 그 일에 있어
억지를 부리지 않을 수 없다.

제대로 된 어질음은
일을 함에 있어 억지를 부리지 않지만
훌륭한 의(義)라고 하는 것에는 모든 일이 억지를 부리게 되고,
훌륭한 예(禮)에 이르면 일을 함에 있어 자신에게 동조하지 않으면
팔을 걷어붙이고 억지로 일을 끌어내려 한다.

그러므로 도가 풀린 것이 덕이며
덕을 놓친 자리에서 인을 말하게 되고
인이 사라진 자리에는 의가 대신하며
의로 안 될 경우 예를 강조하게 되는데
무릇 예라고 하는 것은 충실함과 미더움이 없을 때 요구되니
어지러움의 근원이며
그와 같은 것들은 도의 겉치레이며 어리석음의 시작이다.

따라서 제대로 사는 사람은 든든함에 머물고 화려한 것에 얽혀살지 않으며
실속에 머물고 겉치레를 중요시하지 않으니
그러므로 이것은 버리고 저것은 취한다.

이야기

본문은 길지만 많은 말을 할 필요가 없는 가르침 앞에 서 있습니다.
다른 곳에도 비슷한 이야기가 없지 않은데,
참으로 착한 사람은 자기가 착한 줄도 모른다는 사실입니다.
몹쓸 짓을 일삼는 것들이
제가 무슨 좋은 일을 했고, 어디서 착한 일을 했다고
명함에 복잡한 이력들을 새기더라는 말.

다들 꽃에 올라타려 하고 무지개를 누리려 하는 짓이지만
참으로 제대로 살아가는 사람은 꽃을 피우고도
그 꽃으로 만족하는 것이 아니라
열매를 야무지게 여물릴 일이 그 다음 일임을 알고 있으니
어느 자리에 앉아 무엇을 누릴까를 살피느라 바쁘지 않고
자신이 맺어야 할 참된 열매에만 관심이 있더라는 말입니다.

꽃이 피는 어느 봄날 길을 걷다가
화사하게 온 세상을 다 꽃으로 덮은 것 같은 화려함 앞에서

갑자기 미안해진 적이 있습니다.
왜 그런지를 알 수 없어 며칠을
미안함을 짊어진 등이 묵직하여 마음이 편치 않았습니다.

그러던 어느 날 작고 색깔도 나뭇잎과 비슷하여
얼른 눈에 띄지 않지만 향기 그윽한
회향목 꽃들을 들여다보다가 알아차렸습니다.
꿀벌들이 바쁘게 꿀과 꽃가루를 얻으러 다니는 동안
내가 풀과 나무들이 꽃을 피우는 데 아무 것도 하지 않았다는 것
그리고도 꽃을 누린다는 것이 바로 미안함의 원인이었습니다.

미안함으로 다니며 꽃들을 보는 동안
그들이 꽃을 그냥 피운 것이 아니라는 것이
조금씩 보이기 시작했습니다.
제 몸을 단련시키는 겨울을 나는 일부터 시작해서
흙으로부터 물과 양분을 빨아올리는 일도
그들에게는 힘겨운 '일'이었다는 것도 느껴졌습니다.

꽃망울 자랄 때의 근질거림이나
그렇게 해서 자란 꽃망울들이 터질 때마다 느껴야 했던
아릿한 통증까지…….
꽃을 피우기 위해 그 모든 과정을
견디기도 하고 힘들이기도 한 것이 아니라
그저 제 생명을 살아가는 하나의 길이었으나
그 모든 것들을 살필 줄 모른 채 그냥 꽃을 본 것이

미안하기도 하고, 그럼에도 꽃 피워 준 것이 고맙기도 한 일임을
비로소 느끼며 고개를 끄덕이던 순간이 있습니다.

이후 꽃이 피기 전에 오르는 새 계절의 나무들과
겨우내 웅크리고 있다가 새싹을 틔우는 여러해살이 풀들
볼 때마다 '그래, 힘을 내어 자라거라' 응원하며
'때 되면 꽃도 피울 거지?' 하고 묻고 다닙니다.

꽃들이 화려하게 피어 마음속이 다 환해질 때면
다만 꽃만 즐기는 것보다
벌과 나비들의 춤사위를 함께 보면서
꽃을 피워 준 하늘이 고마워 두 손을 모으곤 합니다.

무엇인가를 의도한다는 것
그 뜻을 지니는 것이 소중한 일이기는 하지만
아무 것도 의도하지 않고 그저 제 삶을 살아
때 이르면 꽃 피우는 생명의 그윽한 걸음걸이를 보는 행복!

꽃길을 걷다가 집에 돌아와 보니
그 자신이 꽃이 된 것 같다고 노래하던 어떤 이의 눈 밝음이
문득 부러워집니다.

아직은 내가 피워야 할 꽃을 피우지 못했다고 느낀 게 아닌가 싶은데
뭐 굳이 그럴 필요가 있겠습니까?
다만 살아가면 될 일인 것을.

서른아홉

하나를 얻어 비로소 이루어지는

글마루

昔之得一者(석지득일자)니라.

天(천)이 得一(득일)하여 淸(청)이요, 地(지)가 得一(득일)하여 寧(녕)하고, 神(신)이 得一(득일)하여 靈(영)하며 谷(곡)이 得一(득일)하여 盈(영)하고 萬物(만물)은 得一(득일)하여 以生(이생)이요, 侯王(후왕)이 得一(득일)하여 爲天下(위천하)를 貞(정)하게 하니 其致之(기치지)니라.

天(천)이 無以淸(무이청)이면 將恐裂(장공렬)하고 地(지)가 無以寧(무이녕)이면 將恐發(장공발)이요 神(신)이 無以靈(무이영)이면 將恐歇(장공헐)이며 谷(곡)이 無以盈(무이영)이면 將恐竭(장공갈)이요 萬物(만물)이 無以生(무이생)이면 將恐滅(장공멸)이며 侯王(후왕)이 無以貴高(무이귀고)면 將恐蹶(장공궐)이라.

故(고)로 貴以賤爲本(귀이천이본)이며 高以下爲基(고이하위기)니 是以(시이)로 侯王(후왕)이 自謂(자위)에 孤寡不穀(고과불곡)하나니 此(차)는 非以賤爲本邪(비이천위본야)니 非乎(비호)인가.

故(고)로 致數輿無輿(치삭여무여)하여 不欲琭琭如玉(불욕녹록여옥)하고 珞珞如石(낙락여석)하라.

풀이

옛적에 하나를 얻은 일이 있었다.

하늘이 하나를 얻어 맑아졌고
땅은 하나를 얻어 편안해졌으며
신이 하나를 얻어 제 구실을 하게 되었고
골짜기가 하나를 얻어 그득하여졌으며
뭇 생명은 하나를 얻어 삶을 이었고
제대로 사는 사람이 하나를 얻어 세상을 고르게 하였으니
그 모든 것은 하나를 얻음에 있던 것이다.

하늘이 맑지 못하면 시끄러워질 것이고
땅이 평안을 잃으면 어지러워질 것이며
신이 제 노릇을 못하면 쓸모가 없을 것이고
골짜기가 채워지지 않으면 가뭄을 타게 되고
뭇 생명이 삶을 못 잇는다면 멸종하게 될 것이며
사람이 제 구실을 못하면 세상이 기울게 되니

이러므로 모든 귀한 것은 흔한 것의 바탕 위에 존재하고
모든 높은 것은 낮은 것이 받쳐서 가능하니
따라서 어느 자리에 있든지
자기만 위대하다는 생각을 버려야 하는 법,
이는 흔한 것이 모든 것의 기반이라는 말이 아니겠는가.

거듭된 명예는 명예라 할 수 없으니
옥처럼 차랑차랑한 소리보다는
돌처럼 거칠게 구르기를 바라는 것이 삶의 길이다.

이야기

도대체 나는 어디로부터 와서 어디로 가느냐는 물음 앞에
한 번도 안 서 본 이는 없지 않을까 싶습니다.
대부분 한창 자아와 세계에 대한 가치관이 성립되기 전에
그것이 성립되는 과정에서 이런 물음이 생기는 것 같습니다.

그러다가 자신과 세계에 적응하게 되면서부터
이런 물음은 언제 사라졌는지도 잘 모르게 녹아 없어지고
자신 앞에 놓인 일들을 마치 쫓기듯이 해 나가며 조금씩 나이를 먹습니다.

이따금 적지 않은 나이를 먹었는데도
이런 물음을 놓치지 않은 것을 보면
팔자가 좋은 사람이라거니
또는 아직 철이 덜 든 사람이라거니
아니면 한가한 사람이라느니 하면서 웃음거리로 삼기도 합니다.

그런 자리에서 이 본문을 봅니다.

주체를 어디라고 보느냐에 따라서 달리 말할 수 있지만
내 어머니가 하나를 얻어서 내가 되었다거나
아니면 내 아버지가 하나를 얻어 내가 되었다는 것을 확인하게 하는
아주 깔끔한 말일 터인데
그 얻은 이가 늘
낮은 자리에 서지 않으면 안 된다는 뜻도 여기 담겨 있습니다.

위에 있는 이가 제 뜻을 펼치기 위해 사람을 얻어 아래에 두는 것이
기존의 제도나 관습에서는 일반적인 일인데
옛늙은이는 그런 것은 생명세계에서는 상식적이지도 않고
오히려 위험한 일이라고 하면서
무엇인가를 얻고자 하면
늘 낮은 데서 험하게 살아갈 준비가 되어 있어야 한다는 겁니다.

일을 할 때마다 사람을 얻는 이가 있고
일만 하면 사람을 잃는 사람도 적지 않습니다.
일을 하여 사람을 얻고
그 얻은 사람으로 다시 일을 이루는 길이 어디에 있는지를 살피게 하는 가르침입니다.

일을 이루는 것보다 더 중요한 것은 사람을 얻는 일입니다.
사람을 얻으면 일을 그르친 것마저도
손해나 불이익으로 이어지지 않고
실패나 실수마저도 살아가는 데 있어 두고두고 쓰임새 큰
재산이고 보약이 된다는 것

하나를 얻어 비로소 완성되고
하나의 부재로 모든 것이 불완전해진다는 말이 지닌 뜻이
오늘 얻기 위해 힘 기울여야 할 그 하나가 무엇인지를 헤아리며
창밖으로 눈 돌려 구름 모이고 흩어지는 하늘을
가만히 내다봅니다.

마흔

사라지고 태어나는 아름다운 순환

글마루

反者(반자)는 道之動(도지동)이요 弱者(약자)는 道之用(도지용)이며 天下萬物(천하만물)은 生於有(생어유)하고 有生於無(유생어무)니라.

풀이

거스름은 생명세계의 동력원이고
약한 것은 생명이 존재하는 쓰임의 바탕이며

모든 살아 있는 것들은 이미 있는 것이 낳았고
존재하는 것들은 존재 너머의 것으로부터 나왔다.

이야기

신학을 공부할 때 두 가지 역사관에 대해 들은 일이 있습니다.

그 하나는 순환사관(循環史觀)이고 다른 하나는 직선사관(直線史觀)이라는 거였는데

그럴 듯하다고 고개를 끄덕거렸던 일이 어리석었다는 것을 알아차린 것은

그로부터 적지 않은 시간이 지난 다음이었습니다.

어떤 시점에서 세계를 보느냐에 따라 각각 다른 답이 나올 수밖에 없고

때로 모든 것이 옳은 답일 수도

아니면 모든 것이 그른 결론일 수도 있습니다.

신학이라는 주관으로 다른 세계관이나 가치관을

이해하려고 하거나 설명하려고 하는 것의 한계를 알아차리는 데까지는

많은 시간이 필요했습니다.

만일 주관이 객관적 사실이나 상황을 해석하는 도구가 된다면

그처럼 위험한 일이 또 있을까 싶은데

주관적 관점이 객관적 현실로 환원되는 실천이나

그 실천이라는 경험을 통해 내적인 정리를 이루며 수렴되는 주관,

그 주관과 객관의 순환으로부터 건강한 삶이 나온다는 것을

알아차리는데도 역시 적지 않은 세월이 걸렸습니다.

우주적 생명이해의 바탕에서 본다면

순환사관이냐 직선사관이냐 하는 말이 성립될 여지도 없습니다.

옹졸하게 자기 주관이나 주장에 갇혀

그것으로 자기 밖의 세계를 재단하거나 규정하려고 하는 독선이

얼마나 무모한지를 알게 된 겁니다.

시간과 공간이 한데 어우러지면서
그것을 나눌 수 없는 자리가 엄연하게 우리의 현실에도 존재하니
결국 말할 수 있는 것은
태어나 자라다가 꽃 피워 열매 맺은 다음에는
아무 미련도 없이 조용히 물러나는 생명체계,
그 아름다운 순환의 한 과정이야말로
우주적 질서의 보편적 상식이며
이것이 개별 존재가 지녀야 할 가치의 기준이 아니겠는지요?

그러고 보니 모든 존재하는 것들을 낳았다는 無(무)가
'아무 것도 없음'이 아니라, 존재하는 것 이전일 수도 있다는 말입니다.
내가 어리석어 아무 것도 아니라고 생각한 그것이
세계를 이루는 바탕임을 못 보던 그것이 부끄러웠는데,
反(반)을 '거스름'으로 읽고 나니
간단하지만 까다롭던 본문의 내용이 비로소 또렷하게 다가옵니다.

마흔하나

왜 그런가 하면

글마루

上士(상사)는 聞道(문도)에 勤而行之(근이행지)하고 中士(중사)는 聞道(문도)에 若存若亡(약존약망)하며 下士(하사)는 聞道(문도)에 大笑之(대소지)니 不笑(불소)면 不足以爲道(부족이위도)니라.

故(고)로 建言[24](건언)에 有之(유지)니 明道(명도)는 若昧(약매)하고 進道(진도)는 若退(약퇴)하며 夷道(이도)는 若纇(약뢰)하고 上德(상덕)은 若谷(약곡)이요 大白(대백)은 若辱(약욕)이며 廣德(광덕)은 若不足(약부족)이요 建德(건덕)은 若偸(약투)하고 質眞(질진)은 若渝(약투)요 大方(대방)은 無隅(무우)하고 大器(대기)는 晩成(만성)이며 大音(대음)은 希聲(희성)이요 大象(대상)은 無形(무형)이요 道隱(도은)이면 無名(무명)이라.

夫唯(부유)로 道(도)는 善貸(선대)나 且成(차성)이니라.

풀이

싹수 있는 사람은 도를 들으면 부지런히 따르고

24) 建言(건언)은 '예로부터 있던 가르침, 또는 말'을 뜻한다고 합니다.

대부분의 사람들은 도를 들으면 긴가민가하며
어리석은 사람은 도를 들으면 크게 비웃으니
그들이 비웃지 않으면 도라고 하기에는 모자란 것이다.

그러므로 옛말에 있는 것처럼
틀림없는 도는 흐릿해 보이고
나아가는 도는 물러남처럼 보이며
제대로 된 도는 어그러진 것처럼 보이며
뛰어난 덕은 허술해 보이고
참으로 깨끗한 것은 얼룩져 보이고
넉넉한 덕은 모자란 것처럼 보이며
굳센 덕은 어색해 보이고
그윽한 참됨은 어그러져 보이며
제대로 각을 낸 것에는 구석이 보이지 않고
큰 그릇은 이루어짐에 오래 걸리며
제대로 된 소리는 잘 안 들리고
모양이 제대로 난 것은 아무 것도 아닌 것처럼 보인다.

도가 숨어 있을 때에는 이름을 갖추지 않는데
무릇 도가 하는 것은
늘 내어주는 것처럼 보이지만 끝내는 다 이룬다.

이야기

살면서 본 것 가운데 이해가 잘 안 가는 게 있으니
아무 것도 아닌데 사람들이 모이고 꼬여들어
언뜻 보면 큰 것처럼 보이는 현상입니다.

특히 종교라고 하는 곳에서 이런 일이 흔히 일어나고
정치나, 학문 분야에서도 적지 않습니다.
순간의 술수는 그야말로 그 자리에서나 통하는 것처럼 보이지만
결국은 실체가 적나라하게 드러나는 것이 일반적인 일인데
참으로 희한한 일은
말도 안 되는 지도력 아래 수많은 사람들이 몰려서
갖가지 어이없는 일이나 사회적 문제를 일으키기도 하는 점입니다.

그런데 오늘 가르침을 보니 그 뜻을 알 듯도 합니다.
긴가민가 하는 사람들을 현혹하는 기술을 가진 사람들
거기에는 진실함이나 성실성 같은 것들은 아무런 의미가 없고
오직 필요한 것은
일차적으로 사람을 현혹할 만한 그럴싸한 것들을 보여준 다음
끊임없는 세뇌로 정상적인 판단력을 마비시켜 만들어낸 집단의식뿐.

거기서 생기는 여론의 흐름은
큰 비 올 때 물 불어나는 것과 닮아 있습니다.

그렇다고 거기 휩쓸려 길을 잃는다면
크게는 역사의 흐름을 놓치고
작게는 사고와 삶의 균형을 잃고 맙니다.

문득 어렸을 때 불어난 물을 건너다가 잃어버린
신발 한 짝이 떠오릅니다.
부주의를 꾸지람 당하고도 씻어낼 수 없어
새 신발을 신고도 오랫동안 가슴에 있는 또 다른 발에는
끊임없이 신고 있어야 했던 그 고무신 한 짝
그러나 역사의 흐름을 놓치는 일은 이 정도의 상처와는 견줄 수도 없는 일입니다.

그러니 제대로 된 가르침이 있는 곳에 사람이 많이 모인다는 것은
처음부터 바랄 일이 아니라는 겁니다.
그렇다고 사람을 모으거나 세속적 성공을 위해서 제대로 된 길을 포기하고 잔재주나 부린다면
그건 정치에서도 어림없는 길이고
학문이나 종교 또는 그밖의 모든 영역에서는
그 자체의 가치를 쓰레기통에 처박는 짓

한 순간의 그릇된 판단으로 역사를 망친 사람들은
그 이름만 늘어놓는다 하더라도 책 몇 권 분량은 될 터,
거기에 자기가 소속된 그 조직이나 집단을
무가치한 것으로 만들어버린 사람들의 숫자도
그보다 적지 않을 것이며

수많은 이들을 불행이나 죽음의 늪으로 끌고 들어간 경우도
손으로 꼽기에는 적지 않은 숫자일 것이고
왕조 하나가 문을 닫거나, 나라가 망한 예도 적지 않다는 것은
다들 잘 아는 일일 것입니다.

차라리 어리석은 이의 비웃음을 살지라도
그 붙잡고 있는 것이 오늘보다 더 나은 미래를 여는 희망의 끈이면
포기하지 말아야 할 일이며
밥을 굶는 일이 있더라도 멈추지 말아야 할 걸음입니다.

그렇게 뚜벅뚜벅 자기 길을 걷는 이의 발자국은
그 어떤 것에도 묻히거나 가려지지 않는다는 것,
비록 고독한 것처럼 보인다 하더라도
대중의 인기에 영합하려는 유혹을 떨쳐내고 힘차게 나아가는
그 길이 바로 끊임없이 신선한 물이 솟아나는 샘이라는 것을
다시 한 번 생각하게 하는 가르침입니다.

마흔둘

차는 듯하다가 기우는 것이

글마루

道生一(도생일)하고 一生二(일생이)하며 二生三(이생삼)하고 三生萬物(삼생만물)이니 萬物(만물)은 負陰(부음)에 而抱陽(이포양)하고 沖氣(충기)로 以爲和(이위화)하느니라.

人之所惡(인지소오)는 唯孤寡不穀而(유고과불곡이)이나 王公[25](왕공)이 以爲稱(이위칭)인데 故(고)로 物(물)은 或損之而益(혹손지이익)하고 或益之而損(혹익지이손)이라.

人之所教(인지소교)를 我亦教之(아역교지)니 强梁者(강량자)는 不得其死(부득기사)인데 吾將以爲教父(오장이위교부)니라.

풀이

도가 하나를 낳고
하나가 둘을 낳았으며
둘은 셋을 그리고 셋이 모든 것을 낳았으니

25) 여기서도 王公(왕공)을 '제대로 살고자 하는 사람들'로 읽었다는 것을 밝힙니다.

모든 것은 그늘을 등에 졌으나 가슴에 볕을 안았고
스스로를 비워 그 기운의 조화를 이룬다.

사람들이 싫어하는 것은 외로움과 사소함, 그리고 모자람이나
제대로 사는 이들이 이를 자신의 이름으로 삼는 것은
세상사라고 하는 것이
잃은 것이 곧 얻음이 되고 얻은 것이 곧 잃음이 되기도 하는 까닭이다.

다른 이들이 가르치는 것을 나 또한 가르치지만
뻣뻣하고 딱딱한 것은 제때에 죽음을 맞지 못하니
이것이 내 가르침의 핵심이다.

이야기

나는 초사흘 달을 좋아합니다.
그 다음날의 달도 못지않게 예쁘긴 한데
사실 초승달의 아름다움이라는 것이
거기에만 빠지면 달의 실체와는 상관없는
그저 눈에만 그렇게 보인다는 것을 모르지는 않습니다.

초사흘 초나흘을 지나면서 점점 제 모습을 드러내는 달은
보름이나 열엿새를 정점으로 다시 거꾸로 작아지는 모습을 보입니다.
이게 단지 해와 지구가 빚어내는 현상이라는 것이야 당연한 노릇이지만

그렇게 차고 기울기를 거듭하면서
우리 생명세계에 갖가지 작용을 한다는 것에
더 초점을 맞추며 바라보곤 합니다.

재 본 것은 아니지만 나는 그 달이
한 번도 완전한 구형(球形)을 이룬 순간이 없다고 생각합니다.
물론 내 생각이 틀렸을 수도 있으나
커지고 차오르다가 구형을 갖춘 순간 그대로 이지러지기 시작하니
순간보다 더 짧은 완벽한 구형의 자리가
존재하지 않는다고 해도 괜찮겠다고 생각하는 까닭입니다.

사람의 일이라고 하는 것,
비우는 것이 중요하다는 말을 듣고 차오를 때 비우려 하거나
아니면 비워야 할 때 채우려고 한다면
그게 바로 강량(强梁)입니다.

그러니 때와 어우러지고, 주위의 다른 존재들과 어우러지며
늘 좋은 것만 제 것으로 하려 하지 않고
제게 다가온 인연을 소중하게 여기며 살아가는 것,
그게 바로 그늘은 품고 볕은 짊어지고 가는 길이며
담담하게 제 길을 가는 것만이
아름다운 삶의 방식이라는 말,

듣고 또 들어도 물리지 않는
가락 고운 노래입니다.

마흔셋

본디 그러한 것이 있거늘

글마루

天下之至柔(천하지지유)는 馳騁天下之至堅(치빙천하지지견)하고 無有入無閒[26](무유입무간)하니 吾是以知無爲之有益(오시이지무위지유익)인데 不言之教(불언지교)와 無爲之益(무위지익)은 天下希及之(천하희급지)더라.

풀이

세상에 가장 부드러운 것이
세상의 가장 견고한 것을 다스리며
틈 없는 벽을 뚫지도 않고 들고 나니
내 이에 무위의 바람직함을 알았는데

말없는 가르침과
무위의 의미에 이른 이는

26) 보통 間(간)으로 쓰지만 왕필본에서는 閒(간)으로 쓰여 있습니다. 뜻은 '틈'으로 보면 됩니다.

세상에서 찾아보기는 힘들더라.

이야기

오랫동안 무슨 마술과 같은 것을 떠올리게 하는
'틈 없는 벽을 통과(無有入無間: 무유입무간)한다는 말은
풀리지 않는 수수께끼였습니다.

현대물리학의 한 분야인 입자물리학의 발견을 따라
존재하는 모든 것의 원소를 찾고 또 헤아려 들어가다 보면
모든 것이 결국은 존재하지 않고
무한대에 가까운 공간에 파동 같은 것만 있다는 말이 떠오르기도 했고,

미지의 또는 다른 차원의 세계에서는
경험세계에서의 상식이 통하지 않는 경우도
얼마든지 존재할 수 있다는 것도 생각하면서
이 말의 뜻을 찾으려고 제법 많은 애를 쓰기도 했습니다.

그러다가 문득 떠오른 것이 있습니다.
우리가 일상에서 언제나 보고 겪는 일이라는 것,
삶에서 죽음으로 넘어가거나
그 역으로 죽음에서 생명으로 건너가는 데에는
길도 벽도 건너야 할 다리도 없는데

순간순간 경험하게 되는 넘고 드나들고 건너는
삶과 죽음의 그 경계라는 사실을 헤아리다가
이게 바로 그 얘기는 아닐까 싶었습니다.

이어서 제한된 공간과 시간 안에 산다는 것을
당연하게 여기는 자리에서는 이해가 잘 안 되는 말이겠지만
부드럽고 여린, 다시 말하면 힘이라고는 없는 것들이
모든 힘 있다고 하는 것들을 다스리며
아무 것도 아니라고 생각하는 그것들이
상상도 할 수 없는 곳을 넘나드는
그 생명의 진실이라는 데까지 헤아림이 가 닿자
이 말의 뜻이 그만큼 선명해지기 시작했습니다.

이 자리에서 사변과 논리 또는 의도나 목적 같은 것들은
의미를 잃을 수밖에 없다는 것이고,
그러니 아무 것도 의도하지 않는 무위의 가치가
거기서 비로소 빛을 낸다는 건데

그만둡시다, 금이나 은과 같은 보석이 아니라
그 위를 스치고 지나가는 바람이나
쏟아지는 햇살이 없다면
그것들이 무슨 가치를 지닐 수 있겠느냐는 말 앞에
그걸 알아듣고 길을 나서는 이가
그리 흔하지 않은 것은 예나 오늘이나 다르지 않을 겁니다.

마흔넷

제 자리를 놓치면

글마루

名與身孰親(명여신숙친)하고 身與貨孰多(신여화숙다)이며 得與亡孰病(득여망숙병)인가.

是故(시고)로 甚愛(심애)는 必大費(필대비)하고 多藏(다장)은 必厚亡(필후망)이니 知足不辱(지족불욕)에 知止不殆(지지불태)면 可以長久(가이장구)니라.

풀이

이름과 몸은 어느 것이 소중하고
몸과 재물은 무엇이 중요하며
얻는 것과 잃는 것은 어느 것이 위험한가.

그러므로 사랑이 깊으면 그만큼 큰 대가를 치러야 하고
많이 쌓으면 반드시 크게 잃게 되니
족한 줄을 알면 수치를 당하지 않을 것이고
멈출 자리를 알면 위태로움에 빠지지 않을 터
그것이야말로 제 삶을 다 누릴 수 있는 길이다.

이야기

밤에 좀 높은 곳 어디든 올라가면
불빛 휘황한 도시를 내려다 볼 수 있습니다.
그 불빛들을 보는 동안 떠오르는 옛 일 하나,
앞으로 세상이 달라지면 변소에도 전등을 달아놓는 날이 올 것이라고 말하던
담임선생님의 표정과 말입니다.

나는 그 말을 들을 때
'선생님도 거짓말을 하는구나' 하고 생각했습니다.
그런 건 꿈도 꿀 수 없는 일이라고 여긴 까닭인데
그런 세상이 우리 앞에 현실로 펼쳐지고
어림도 없을 것 같던 선생님의 말이 참이고
내 판단이 너무도 어리석었음을 확인합니다.

그때 우리들의 상식 안에서는
전깃불이라고 하는 것이 말로는 와 닿았지만
하나의 사실로 받아들이기에는
너무도 먼 세계의 현실이었습니다.

더욱이 변소라고 하는 곳은
당시의 위생 상황에서 생활공간으로부터 최대한 멀어야 했던,

문화적인 시간에 의해 형성된 공포의 분위기까지 있던 곳이었습니다.
밤이면 언제나 두려움의 장소,
그곳에 전기를 설치하고 밤에도 낮처럼 환하게 불을 켤 수 있다니!
그런 말도 안 되는 일이 어디 있겠느냐는 것이
세상을 알기에도 모자란 우리가 납득하기에는
너무도 당연한 일이었습니다.

그때 선생님이 한 이야기는 단지 변소에 불을 켜는 문제가 아니었음은
어린 우리들로써도 알아들을 수 있었습니다.
'멀지 않아 지금까지는 꿈도 꿀 수 없었던 세상이 온다'는 것,
그래서 다는 알아들을 수 없는 내용이 많았지만
우리들은 그 말에 희망을 가질 수 있었습니다.

그리고 그때 들은 이야기의 거의 모든 것들이
이제는 구체적 현실이 된 시대를 우리가 살고 있습니다.
밤이면 온 도시를 살필 수 있는 전망대가 있어
거기 올라 도시를 내려다보기도 하고
평생에 그런 일이 있을까 싶었는데
비행기를 타고 밤에 돌아오다가 몇 개 도시의 야경을
단 한 시간도 안 걸리는 사이에 보기도 하며 살고 있습니다.

그러면서 내려놓을 수 없는 생각 하나는
과연 우리가 꿈꾸던 문명의 세계가 이런 것인가 하는 물음입니다.
저 불빛 아래서 펼쳐지고 있는 도시의 삶,
그 내용까지도 우리가 꿈꾸던 그런 것이었는가

밝은 날 도시를 돌아다니면
손수레를 끌고 폐지를 주우러 돌아다니는 늙은이들을 골목 어디에서나 볼 수 있고
곳곳에 흔한 삶의 낙오자들이며,
그리고 얼른 눈에 띄지는 않지만 문명의 한계를 드러내는 수많은 풍경들을 지켜보면서
인간됨의 의미를 묻지 않을 수 없습니다.

몇 해 전 아침 산책길에
내가 자주 다니는 길을 어슬렁거리는
낯선 중년의 사내를 보았습니다.
그는 내게 다가오더니 이런 저런 내가 모를 말들을 물었습니다.
알 수 없는 이야기이길래 모른다고 했는데
며칠 지난 뒤 그를 다시 만났습니다.

자신이 경찰이라는 사실을 밝힌 그의 말에 의하면
내가 지나다니는 길가에 지금은 없어졌지만
대학 체육과 학생들이 숙소로 쓰다가 비워둔 낡은 건물이 있었는데
거기서 죽은 지 오래 된 시체 하나가 있다는 것을 알게 되었고
그 신원을 찾고 다녔다는 겁니다.
마침내 신원은 확인했지만 연고라고는 없는 사람이었으며
타살 의혹은 없고 그냥 그곳을 잠자리로 삼고 지내다가
아마도 굶어 죽은 모양이라는 말도 들었습니다.

그때 다시 사람이 사람으로 산다는 것을 묻지 않을 수 없었습니다.
그 삶에 보람도 있고, 의미와 가치도 있으며
재미까지 포함된 그런 삶은
물리적인 조건보다 철학적 바탕이 마련되어야 비로소 열린다는 사실!

대학이 인문학을 포기하는 희한한 일을 겪고 난 다음
인문학 부재를 걱정하는 목소리들이 높아지지만
서점에 가면 제대로 된 인문학 책 한 권을 찾는 일이
한낮에 별을 보는 것만큼이나 쉽지 않은 시대,

최고의 가치가 돈이 되고, 돈의 논리가 모든 것을 지배하는 세상
거기에 행복이 자리잡을 공간이 없으니
자포자기하고 살아가는 이들이 오히려 정상은 아닐까 싶기도 한데
우리가 추구해 온 '더 나은 미래'가 현재의 이 모습이었겠느냐고,
다시 묻게 되는 사람의 길입니다.

마흔다섯

세상사라는 것이

글마루

大成(대성)은 若缺(약결)이나 其用(기용)은 不弊(불폐)하고 大盈(대영)은 若冲(약충)이나 其用(기용)은 不窮(불궁)하며 大直(대직)은 若屈(약굴)하고 大巧(대교)는 若拙(약졸)하며 大辯(대변)은 若訥(약눌)하니라.

操勝寒(조승한)이며 靜勝熱(정승열)이니 淸靜(청정)으로 爲天下正(위천하정)이니라.

풀이

제대로 이룬 것은 언뜻 보면 허술해 보이나
그 쓰임은 다함이 없으며
참으로 채워진 것은 비어 있는 것처럼 보이나
그 쓰임에 모자람이 없으며,
아주 곧은 것은 굽히는 것처럼 보이며,
뛰어난 솜씨는 서툰 듯하고,
잘 하는 말은 더듬는 것처럼 보인다.

추위는 움직이면 견딜 수 있고,
더위는 가만히 있음으로 넘길 수 있는데

맑음과 고요함이야말로
천하를 바르게 하는 길이다.

이야기

어쩌면 옛늙은이가 자신의 이야기를 들려주고 있는 건 아닌가 싶기도 합니다.
비슷한 내용이 다른 말로 표현된 곳도
큰 가르침 곳곳에서 보이기도 합니다.
한마디로 말한다면 '눈에 보이는 것이 전부가 아니라'는 건데
그렇게 요약하다 보면 본질에서 벗어날 수 있으니
또한 조심해야 할 일입니다.

그런 이 이야기의 핵심은
대부분의 사람들이 진실을 파악하는 데는 서툴고
그런 까닭에 대중의 인정을 받는다는 것은
결코 바람직한 일이 아니라는 뜻일 수도 있습니다.

꽃들이 피어나는 계절에 길을 가다가
눈에 들어오는 화려한 아름다움이 있어 걸음을 멈춥니다.

가만히 꽃을 들여다보다가 바보가 되어
어떻게 하면 그런 아름다운 꽃을 피울 수 있느냐고 묻습니다.

바보이기 때문에 들을 수 있는 또렷한 대답,
"세 가지 이유가 있지.
하나는 나는 꽃을 피우기 위해 산 것이 아니라
살다 보니 때가 되어 꽃이 핀 것이라는 사실,
두 번째는 아름다워지기 위해 꾸미는 짓을 하지 않았다는 것,
그리고 나머지 하나는
다른 꽃과 나를 비교하지 않았기 때문이라네."

무엇인가를 이루려 하지 않고 다만 제 삶을 살기,
그 사이 무엇인가 이루어지더라도
그것이 전부라고 여겨 우쭐해지지 않기,
살아오면서 쌓은 것들이 오늘 나타나고
오늘이 지나면 또 새로운 것들이 세워지기도 하고
세웠던 것들이 허물어지기도 한다는 말까지 거기서 듣는데

그 누구에게도 꽃이 대답하더라는 말을 하지 못하는 까닭은
그들에게 내가 미쳤다는 소리를 들을 것 같아서 그런 건데
그러므로 나는 완전히 바보가 되었다는 것은
말을 하고 나서야 비로소 알아차렸으니
역시 나는 더도 덜도 아닌 바보입니다.

마흔여섯

아름다운 세상은

글마루

天下(천하)에 有道(유도)하면 却走馬(각주마)가 以糞(이분)하고 天下(천하)에 無道(무도)하면 戎馬(융마)가 生於郊(생어교)니라.

禍(화)는 莫大於不知足(막대어부지족)이요 咎(구)는 莫大於欲得(막대어욕득)이니 故(고)로 知足之足(지족지족)이야말로 常足矣(상족의)니라.

풀이

세상이 바르면 전쟁터를 달리던 말이
똥수레나 끌 일밖에 없고
세상이 어지러우면
군마가 길섶에서 새끼를 낳는다.

화는 만족할 줄 모르는 것보다 더 큰 것이 없고
허물은 얻으려 욕심 부리는 것보다 더 큰 것이 없으니

그러므로 만족을 알아 넉넉함에 이르는 것이야말로

으뜸가는 넉넉함이다.

이야기

지능을 비롯해 인간이 지니고 있는
다양한 역량들은 소중한 재산이기는 하지만
제대로 쓰이지 않는다면
그처럼 위험한 것이 또 없습니다.

제대로 쓰인다면 그것은
전 인류가 함께 행복해질 수 있는 길을 찾아내는
거룩한 재산이 되지만
그것이 왜곡된 욕망과 결합하는 순간
단지 몇몇만 즐겁고 나머지는 한없이 비참해지는
위험한 기능을 할 수밖에 없다는 것을
인류의 역사가 증명하고 있습니다.

그 대표적인 것 두 가지를 꼽으라면 나는
지체없이 하나는 묻혀 있던 핵(核)의 힘을 꺼낸 것과
비닐을 찾아 쓸 수 있도록 한 것을 듭니다.

그것은 편리를 추구하는 생명의 속성을 우선시하여
미래의 이름을 '불안'이라고 할 수밖에 없는 일이기 때문입니다.

아무튼 인간 역량의 부정적 기능이 작동할 때마다
수없이 많은 이들이 괴로움을 겪고 불행에 빠졌으며
심지어는 존재를 저주할 수밖에 없는 비참한 고통과
죽음에 이르는 일도 이루 헤아릴 수 없습니다.

거기다 이제는 모든 생명있는 것들의 미래인
자연의 무참한 파괴와 오염들까지,
이루 헤아릴 수 없는 비극의 중심에 바로 그
편리 욕구와 결합한 지능이 있었고
그들의 속삭임은 언제나 한결같습니다.

'이 길은 우리가 다함께 더 편리해지는 길이다.'

그리하여 잠시의 편리를 위해 영원을 도둑질하고
내가 편리해지려고 남을 죽음의 늪으로 몰아넣는,
그러면서 자기 자신의 사람임을 참 쉽게도 포기하는 짓들은
생각하며 살아가는 존재로서는 할 수 없는 일이고
결국 그 지능이 부정되는 자리가 바로 거기입니다.

더욱이 이런 일의 맨 앞줄에 서 있는
그 지식의 높이나 기능이 경지에 올랐다고 할 수준에 도달한 이들이
그렇게 스스로 아류가 되고,
그 존재 자체가 가련한 비렁뱅이로 전락하는 모습은
오늘날에도 어디서나 흔히 볼 수 있는 일입니다.

그럼에도 불구하고 인류사를 부정적으로만 평가할 수 없는 것은
끊임없이 존재의 의미를 묻고
지능이 지성으로, 지성이 인격적 성장으로
그리고 전체 사회에 있어서는 정의에 대한 갈망으로 작용하는 흐름이
멈추지 않고 지속되었다는 사실 때문입니다.

때로 현실적으로는 아무런 가진 것도 없고
진실하면서도 오히려 비웃음의 숲에 던져지는 따돌림의 주인공이 되고
누더기 입고 끼니까지 걸러가며 살아감에도
뜻 굽히지 않고 살아가는 사람들과 그들이 지니고 있는
포기하지 않은 의지,

그것이 작동하여 마침내 민주주의의 씨앗도 터뜨리고
인류의 미래에 희망이 있다고 말할 수 있으며
탐욕과 결합한 지능에 대한 제동장치가 되었다는 것까지 헤아리면
오늘 우리가 서 있는 자리가 어디인지
바라보고 나아가야 할 곳은 또 어디인지를
누구라도 헤아려 알 수 있는 일입니다.

절대다수의 행복을 만들 줄 아는 집단지성이 작동하기까지는
아직 가야 할 길이 멀고
여전히 자신의 탐욕을
그럴싸한 명분으로 포장하는
오물투성이의 지능이 작용하는 현실이 있습니다.

그러나 그것이 불의라는 것을 드러내는 눈이 있고
말하는 입과 듣는 귀가 있다는 것이
우리가 내일도 살아야 할 이유임을 다시 한 번 확인합니다.

이것이 우리의 가능성인데
오늘의 이 어려운 문제도 풀어낼 수 있을지
아직은 알 수 없으나
여전히 남는 것은 가슴 설레게 하는 내일입니다.

마흔일곱

진리는 멀거나 복잡한 데 있지 않고

글마루

不出戶(불출호)라도 知天下(지천하)하고 不闚牖(불규유)라도 見天道(견천도)하니 其出(기출)이 彌遠(미원)이면 其知(기지)는 彌少(미소)니라.

是以(시이)로 聖人(성인)은 不行而知(불행이지)하고 不見而名(불견이명)하며 不爲而成(불위이성)하느니라.

풀이

문밖으로 나가지 않아도 세상 일을 알고
창밖으로 내다보지 않아도 사람 사는 길을 보느니
그 나아감이 멀면 그만큼 알아차림은 적어진다.

그러므로 제대로 사는 이는
가지 않아도 알고 안 보아도 본질에 이르며
함 없는 가운데 이룬다.

이야기

나이를 먹을수록 어려워지는 것들이 많이 있는데
그 중 무엇인가를 '안다'고 말하는 것입니다.
무엇인가를 안다고 생각했던 것이
얼마나 큰 오해였던지를 알아차리는 부끄러움의 자리에서
몸 둘 바 모르고 쩔쩔맨 일이 한두 번이 아닙니다.

들었기 때문에 안다거나, 보았기 때문에 알았다는 말은
언뜻 그럴 것도 같지만
오히려 들었거나 보았기 때문에
본질에서 벗어나거나 멀어지는 경우도
엄청나게 많았다는 것도 이제는 조금씩 알 것 같습니다.

그러니 무엇인가를 안다고 말하기에 앞서
내가 안다고 생각하고 있는 그것이 어떻게 확인된 것인지
그 확인의 과정을 다시 짚어보아야 할 때도 있기도 한데,
결국은 무엇인가를 안다고 생각하는 것이야말로
이만저만 위험한 일이 아니라는 것만이
아는 것의 전부라고 말할 수도 있는 상황입니다.

그래서 늘 물을 수밖에 없고
물음이 성찰로 이어지고

성찰에 균형이 잡히면 비로소 그때 깨달은 것만이 자신의 지식이 될 터인데
그러고 나면 인간은 질문하는 존재라는 것만이
알아야 할 유일한 것임도 비로소 알게 됩니다.

거기서 알아듣는 두 마디,
'슬기로운 이는 언제나 묻기를 즐기고
미련한 사람은 자꾸 답을 주려고 한다'는 말과
'지혜로운 사람은 남이 말할 때 귀를 열고
어리석은 사람은 남의 말을 가로채어 자꾸만 제가 말하려고 한다'는 사실.

입이 근질거릴 때마다 자신의 미련함을 보고
남의 말이 별 것 아닌 것 같아 말을 하고 싶을 때
자신의 어리석음을 읽을 줄 안다면
거기가 바로 사람이 익어가는 자리일 것입니다.

마흔여덟

삶의 큰 기술, 덜어내기

글마루

爲學(위학)은 日益(일익)하고 爲道(위도)는 日損(일손)이라, 損之又損(손지우손)하여 以至於無爲(이지어무위)이니라.

無爲而(무위이)이나 無不爲(무불위)하여 取天下(취천하)에 常以無事(상이무사)요 及其有事(급기유사)라면 不足以取天下(부족이취천하)니라.

풀이

배운다는 것은 날마다 보태는 일이고
생명의 진실이라는 길을 따른다는 것은
나날이 덜어내는 일이다.

덜어내고 또 덜어내어 마침내 함없음[27]에 이르지만
함없음은 하지 않음이 아무 것도 없으니

---

27) 無爲(무위)를 여기서는 '함없음'이라고 옮깁니다. 이렇게 되면 조어법(造語法)에는 어긋나지만 어쩔 수 없이 이런 표기를 할 수밖에 없음에 대해 양해를 구합니다.

그 이룬 일이 늘 부작용이 없는데,
무엇인가를 하려고 한다면
그 일을 제대로 이루기에는 아직도 길이 멀다고 할 것이다.

이야기

어렸을 때의 여러 가지 일들이 떠오릅니다.
그 중심에는 언제나 먹을 것, 또는 먹을 수 있는 것을
찾아다니던 일이 자리잡고 있습니다.
왜냐하면 내가 자라던 시절의 사람들은
늘 배가 고팠기 때문입니다.

다른 사람들이 기억하고 있는 나 개인의 어린시절은
그리 가난하지도 않았고, 배고플 일도 없었다고 말하는 것을
요즘도 이따금씩 듣곤 합니다.
이제는 늘그막에 접어들어 그렇게 말하는 그들의 눈빛에는
아직도 부러움이 담긴 것을 느낄 때마다 가슴이 아릿해지기도 합니다.

그러나 나도 배고팠습니다.
한창 자랄 때이니 먹고 돌아서도 금방 배가 고팠겠지만
내 아버지의 좀 유별나다고 할 성향이
굶주림을 보태기도 했습니다.

남이 굶을 때 밥을 먹는 것이 죄라고 하면서
양식이 없는 것도 아닌데 끼니 때 밥을 짓지 않고
고구마나 만두, 메밀묵 같은 것으로 넘기게 했습니다.
나는 그때 꼭 밥을 먹어야 끼니를 해결한 것으로 생각하고 있었고
아무래도 만두나 메밀묵, 고구마로는
배가 부르지 않았습니다.

나중에 자라서 다시 헤아려 보니
내 굶주림은 단지 물리적으로 배가 고프다는 것이 아니었습니다.
다들 배고프게 살아가고 있는 시대를 살면서
자연스럽게 형성된 정서적 굶주림이 자리잡고 있었고
그 때문에 늘 배가 고프다고 생각했던 것일 텐데
나이를 어느 정도 먹으며 정서적 허기가 해소되어
이제는 먹지 않아도 그때처럼 배고프지는 않습니다.

어쨌거나 그 배고픔을 해소하기 위해 산과 들과 물로 쏘다녔는데
그러면서 하던 놀이들이 또한 떠오릅니다.
자치기, 제기차기, 땅따먹기, 딱지치기, 구슬치기와 같은
갖가지 놀이들을 철 따라 달리하며 즐겼는데
그건 바로 우리들이 알고 있는 세계의 전부였습니다.

요즘 아이들이 손전화로 하는 갖가지 놀이가
그 아이들이 겪는 세계의 전부라는 것도 거기서 헤아립니다.
어른들은 놀이 자체에 빠져 삶을 놓치게 될까봐
그런 우리들의 놀이를 제한하기도 하고

몹쓸 것으로 치부하여 꾸지람을 내리기도 하셨습니다.

그 모든 것들을 가만히 묶어서 헤아리니
먹는 것을 찾고 놀이를 하며, 어른들의 꾸지람을 받던 것까지
그게 다 공부였다는 것을 뉘늦게야 알아차리게 되고
그래서 내가 잘 모르는 세계를 경험하고 있는
요즘 아이들의 관심사 앞에서도 제법 너그러운 나를 보곤 합니다.

사람이 자라나는 동안 지니고 가꿔야 하는 것 두 가지가 있는데
그 하나는 힘을 키우는 일이고
다른 하나는 평생을 살아갈 수 있는 도구로서의 기술을 익히는 것,
사람이 성장한다는 것은 바로
이 두 가지를 키우고 익히는 것이 전부일 것입니다.

그런데 옛늙은이는 전혀 다른 말을 하고 있습니다.
어리석은 사람은 배워서 지식을 쌓으려 하고
슬기로운 사람은 비우고 또 내려놓으면서
자신이 왜 사람인지를
놓치지 않을 길을 찾는다는 겁니다.

그것이 애써서 키우고 쌓은 삶의 기술을 포기하라는 말이 아니라는 건 당연합니다.
그것들을 획득하면서 함께 쌓아서 창고는 채우지만 인간됨은 파괴하는
갖가지 욕심이나 독선, 아집과 같은 것을 헤아려 살피고
그것들을 하나씩 내려놓아

삶을 가꾸기 위해 익힌 그 힘과 기술이 제 빛을 낼 수 있도록 하라는 말입니다.

비우라고 하는 것 또한
뱃속에 자리잡고 있는 쓰지 못할 소화된 뒤의 찌꺼기지
내장을 쏟아내라는 말이 아니라는 것,

제대로 비운 사람이 살아가는 삶의 모습이 거기서 비로소 또렷해집니다.
제 삶을 기름지게 하고
남의 삶까지 돌볼 줄 알아 더불어 넉넉해지는
그리하여 존재한다는 것의 의미가 나와 남, 그리고 다음 시대에까지도
두루 아름다운 이야기로 남을 수 있는 삶이 나오게 되는
그런 것이 비움이니
이제 내가 살아오면서 듣고 보고 겪었던 일들을
가닥 잡아 살펴가며 하나씩
덜어내고 비우고 내려놓아야 함을 알아차립니다.

살면서 지녀야 할
'덜고 비우고 내려놓기'라는 소박함으로 가는 길을 여는 문고리를 찾는 일,
참으로 예민하고 섬세하면서도
그 무엇과도 바꿀 수 없는
큰 기술입니다.

셋째 마당

잠시 쉬어 가는

살면서 지녀야 할 가장 큰 기술은
즐거움을 만들 줄 아는 것,

왜냐하면
재미있지 않은 인생보다
더 큰 손해는 없기 때문!

마흔아홉

마음을 버르고 다듬는 대장장이

글마루

聖人(성인)은 無常心(무상심)하니 以百姓心(이백성심)으로 爲心(위심)하느니라.

善者(선자)에 吾善之(오선지)하고 不善者(불선자)에 吾亦善之(오역선지)하니 德善(덕선)이요, 信者(신자)에 吾信之(오신지)하고 不信者(불신자)에 吾亦信之(오역신지)하니 德信(덕신)이라.

聖人(성인)은 在天下(재천하)에 歙歙(흡흡)하여 爲天下(위천하)하고 渾其心(혼기심)하니 百姓(백성)이 皆注其耳目(개주기이목)에 聖人(성인)은 皆孩之(개해지)니라.

풀이

제대로 사는 이는 정해진 마음이 없으니
여러 사람들의 마음으로 그 마음을 삼는다.

제대로 사는 사람에게 그는 제대로 대하고
그렇지 못한 이에게도 그는 또한 제대로 대하니

큰 마음이라고 할 수 있으며

미더운 이에게 그는 미더움으로
미덥지 못함에도 그는 또한 미더움으로 대하니
큰 미더움이라고 할 수 있다.

그렇게 살아가는 이는
그 살아가는 일에 어우러짐으로 삶의 길을 삼으며
더불어 함께 하니
많은 이들의 눈과 귀가 그에게 쏠리나
그는 아무 일도 아닌 듯 살아간다.

이야기

내가 존경하는 사람 가운데 대장장이가 한 분 있습니다.

그분이 일하는 대장간에 가면 어렸을 때 학교에서 배운 노래가 떠오르곤 합니다.

"땅땅땅땅 망치 소리 들려오는 대장간
명랑하게 망치 소리 들려오는 대장간
아침부터 노래한다 신이 나게 때린다.
농사짓는 괭이 호미 만들어서 나온다."

그분을 만나게 된 것은 참 우연한 일이었습니다.

그런 대장장이가 우리 지역에 살고 있다는 것을 알기는 했지만
굳이 대장장이를 찾아갈 일이 없이 살아가고 있는 나에게
글을 쓰는 지인이 마침 대장간을 취재할 일이 있다고 하면서
아는 데가 있으면 소개를 해 달라는 겁니다.

그렇게 하여 함께 찾아간 곳이 바로 그 대장간이었습니다.
그는 대장간과 대장장이의 일에 대해
이야기를 곁들인 시연을 해 보이면서
취재하는 이가 궁금해 하는 것을
참으로 성의껏 보여주기도 하고 들려주기도 했습니다.

나와는 직접 관계가 없는 일이라서 한발 물러선 자리에서
듣기도 하고 보기도 하며
이미 만들어 놓은 물건들을 둘러보다가
눈에 들어오는 것이 있어서 중간에 말을 자르고 내가 물었습니다.

"저건 값이 얼마나 하나요?"
그 물건은 일본도처럼 생긴 칼이었습니다.
그는 하던 이야기를 멈추고 숨 한번 고른 뒤에 대답을 했습니다.
"값을 생각해 보지 않고 만든 거라서요.
팔려고 만든 게 아니라 일본 사람들이 만든 일본도와
내가 만든 것의 차이가 무엇인지를 알아보려고 만들어 본 거지요.

굳이 값을 말한다면
모양만 갖춰 아무렇게나 만들어도 사오십만 원은 받을 거고

조금 신경을 써서 만든다면 이삼백만 원 정도
그리고 정성을 기울여서 만든다면
천오백은 받아야겠지요."

속물인 나는 눈이 휘둥그래질 수밖에 없었습니다.
'그러면 그런 칼이나 만들고 있으면
금방 큰 부자가 될 수 있지 않겠는가?' 하는
어리석은 헤아림이 금방 계산을 끝내고 있었는데
그분의 말이 이어졌습니다.

"그런데 나는 사람을 죽이는 물건은 아무리 돈을 많이 준다고 해도
안 만들어요.
호미 하나 벼리면 삼천 원, 부엌칼 하나 만들면 오천 원인데
그것만 만들어도 우리 식구 밥 굶지 않거든요.
그런데 뭐 하러 위험한 물건을 만들겠어요?"

그 말은 그대로 내 뒤통수를 친 다음
가슴에 와서 꽂히면서 아기자기한 빛을 내기 시작했습니다.

젊은 시절 다리를 다쳤지만 치료비가 없어 고치지 못하고
지금까지 절면서 살고 있는 대장장이
돈이 있었다면 얼마든지 고칠 수 있는 부상이었지만
당장 끼니거리도 없는 데서 자식의 다리를 고칠 엄두도 못 내었던
힘겨운 시절에 그가 하게 된 일은
밥은 굶지 않겠다고 하여 배우게 된 대장장이였다는 겁니다.

그렇게 시작하여 마침내 자신이 대장간을 운영하게 되고
이제는 사양길에 들어선 대장간과 대장장이가
문화적인 가치까지 인정되는 세상을 살면서
그것이면 족하다고 하는 이분을
이후 이따금씩 찾아보곤 합니다.

그러면서 배운 것이 또 하나 있습니다.
그건 그분이 자신의 경험과 기술만 가지고 물건을 만드는 것이 아니라
호미면 호미, 낫이면 낫, 칼이나 쇠스랑과 같은 것들을 만들면서
늘 그것을 쓰는 사람의 입장에서 만든다는 것을
보면서 느끼게 된 일입니다.

오롯이 자신의 삶을 살아간다는 것은
상황이 어떠하든 자신의 의지를 꺾지 않는 고집스러움과는
다른 차원의 문제입니다.
내가 가진 생각이나 하는 일이 소중하지만 그것이 전부라고 생각하지 않고
그와 관련된 다양하고 복잡한 관계를 살피고 헤아려
균형과 조화로움을 낳을 때 비로소 의미와 가치가 살아난다는 것이며,
그것을 위해 자기 바깥의 세계를 자신의 것에 담을 줄 안다는 것입니다.

그 대장장이는 오늘도 여전히 농기구 만드는 일로 살아가고 있습니다.
서두를 일도 없어 이웃이 찾아오면
잠시 손 놓고 막걸리 한잔 나누어 마시고

가난한 자신에게 시집와 그 가난을 함께 나누어 끌어안고
한평생을 살아온 아내가 노래에 재능이 있다고 하여
뒤늦게 길 여는 데 힘을 보태어
가수로 활동하게 하며 살아가는 사람,

허리 구부정한 그 늙은 대장장이는
내게는 서슬 푸른 회초리,
그러나 두렵지 않고 늘 더 맞고 싶은 회초리…….

여기까지 글을 쓰다 보니
다음 그 지역 장날에는 막걸리 한 병 사 들고
그 대장간엘 가봐야겠습니다.

쉰

삶의 길과 죽음의 길

글마루

出(출)에 生(생)이요 入(입)에 死(사)라.

生之徒(생지도)가 十有三(십유삼)이요 死之徒(사지도)가 十有三(십유삼)인데 人之生(인지생)이 動之死地(동지사지)가 亦十有三(역십유삼)이니 夫何故(부하고)인가 以其生生之厚(이기생생지후)니라.

蓋聞(개문)에 善攝生者(선섭생자)는 陸行(육행)에 不遇兕虎(불우시호)하고 入軍(입군)에 不被甲兵(불피갑병)하니 兕無所投其角(시무소투기각)이요 虎無所措其爪(호무소착기조)하며 兵無所用其刃(병무소용기인)이니 夫何故(부하고)인가 以其無死地(이기무사지)니라.

풀이

나아가면 살고 들어가면 죽는다.
살 길을 찾는 무리가 열에 셋이고
죽을 길을 가는 무리가 열에 셋이며

멀쩡히 살아있던 사람이 움직여 죽을 곳으로 가는 이들이 또한 열에 셋

이니
이는 무슨 까닭인가.
더 잘 살려 하기 때문이다.

듣건대 제대로 살 길을 도모하면
뭍으로 다녀도 코뿔소나 호랑이를 만나지 않고
전쟁터에서도 무기에 다치지 않는다고 했으니

코뿔소라도 뿔로 받을 자리를 못 찾고
호랑이라도 발톱 꽂을 곳이 없으며
적군도 칼로 찌를 곳이 없으니
그 까닭은 죽을 곳에 있지 않기 때문이다.

이야기

얼른 떠오르는 두 이야기가 있습니다.

하나는 내가 어렸을 적, 아주 오래 전의 이야기인데
우리 마을에 두 젊은이가 한 마을의 같은 집으로 장가를 간 일이 있었습니다.
서로 동서지간인 두 사람이
마침 장인의 회갑을 맞이하여 처가엘 가는 길이었습니다.

같이 버스 타는 곳까지 갔지만
마침 손아래 동서는 머리가 많이 자라 이발을 하고 다음 차로 가겠다고 했고
손위 동서는 먼저 가서 할 일이 있으면 하겠다고 떠났습니다.

그런데 그 손위 동서가 탄 버스가 벼랑에서 구르는 사고가 난 겁니다.
들은 이야기지만 그 사고에서 살아남은 단 한 사람이 있었는데
그건 엄마가 끝까지 포기하지 않고 끌어안고 있던
아직 걸음도 못 걷는 아기였다는 겁니다.
물론 그 손위 동서는 다른 승객들과 함께
신원 확인이 어려울 정도로 몸이 심하게 깨어져
그 자리에서 숨을 거두었더라는 겁니다.

다른 하나는 스무 해가 좀 더 넘은 일의 일이니
그 또한 근래의 일이었다고는 할 수 없는데
한때 병원에서 일하던 내가 직접 본 일입니다.

아침에 출근할 때 눈이 쌓여 있었습니다.
막 출근하여 일과를 시작할 무렵에 구급차가 들이닥쳤는데
이미 숨을 거둔 사람이 병원으로 들어왔습니다.

내가 출근하던 그 길에서 가까운 데 사는 사람이
장사를 한다고 트럭을 몰고 나갔다가
눈길에 미끄러져 언덕 아래로 차가 떨어졌고
그 사고로 목숨을 잃은 겁니다.

얼마 있다가 통곡을 하며 들어온 가족들,
금방 아침 먹고 멀쩡하게 나간 가장이 죽었다는
믿어지지 않는 소식을 듣고 병원으로 달려온 가족의 울음바다는
그 아침 병원 전체를 혼란에 빠뜨리고도 남을 만큼
비통함의 자리였던 일이 어제처럼 생생하게 떠오릅니다.

삶과 죽음의 갈림길이 어디인지는
아무도 알 수 없는 일입니다.
기운 가지런하게 하고 살면 그만큼 죽음의 길에서 멀어질 수 있다는 것이 옛늙은이의 이야기인데
일반적으로 볼 때 이 세상 그 누구도
삶의 길을 두고 죽음의 길로 가고 싶은 사람은 없을 터,

도처에 행복의 재료들이 풍부한 것이 세상이지만
그에 못지 않게 위험 또한 곳곳에 도사리고 있으니
삶과 죽음의 갈림길에 서 있는 것이 인생이라고 말해도 크게 틀린 말이 아니고
그렇기 때문에 늘 살펴가며
목숨을 두고 벌이는 무모함에서 벗어날 신중함을 지니는 것이
또 하나 배워야 할 삶의 길입니다.

등에 올라타고 있어 무슨 일이 있어도 내려놓을 수 없는 죽음을
죽을 때까지 못 보고
영원히 살 것처럼 살아가는 사람들,

그게 생명을 이어가게 하는 큰 힘이기도 하지만
그것을 알아차리고 나면 삶의 내용이 달라질 수 있음을 깨달으면 좋으련만!

머리를 어깨 위에 두고 살아가는 존재의 삶은
어떤 것이어야 하는지를 묻는 동안
가슴속을 가득 채운 안개와 같은 것들이
스르르 녹아내리는 시원함으로 숨을 토해냅니다.

쉰하나

은근하고 부드럽게

글마루

道生之(도생지)하고 德畜之(덕축지)하며 物形之(물형지)하고 勢成之(세성지)니 是以(시이)로 萬物(만물)이 莫不尊道(막부존도)에 而貴德(이귀덕)이라.

道之尊(도지존)에 德之貴(덕지귀)는 夫莫之命(부막지명)에 而常自然(이상자연)이라.

故(고)로 道生之(도생지)하고 德畜之(덕축지)니 長之(장지)요 育之(육지)요 亭之(정지)요 毒之(독지)요 養之(양지)며 覆之(복지)인데 生而不有(생이불유)하고 爲而不恃(위이불시)하며 長而不宰(장이부재)하니 是謂(시위)로 玄德(현덕)이니라.

풀이

도가 낳고 덕이 기르며
존재가 모양을 만들고 그 기운이 넘실대게 하니
그러므로 모두가 도를 우러르고 덕을 높인다.

도가 우러름을 받고 덕이 높임을 받는 것은

누가 시켜서 억지로 그러는 것이 아니고
저절로 그러한 것이니
그러므로 도가 낳고 덕이 기른다고 하는데
키우고 기르며 가꾸고
여물려 보살피고 덮어주는데

낳았다고 소유하지도
힘썼다고 내세우지도
길렀다고 다스리려고도 하지 않으니
이를 일러 그윽한 덕이라고 한다.

이야기

어리석은 생각입니다만
혼자서 이따금씩 그럼 道(도) 이전에는 무엇이 있었을까를 묻곤 하는데
그 답은 미뤄두고 이야기 하나를 할까 합니다.

내가 사는 곳은 온 나라에 널리 알려진
'제빵왕김탁구'를 비롯한 연속극과 또 다른 그 어떤 영화의 촬영지이기도 하고
갖가지 문화·예술적 의미가 있다고도 하여
수많은 사람들이 찾아오는
'수암골' 바로 옆입니다.

지금은 밤이면 휘황한 불빛이 요란하고
낮이면 바로 뒤에 버티고 있는 우암산 산신령이 당황할 정도로
어울리지 않는 건물들이 들어서 있는 곳이 수암골인데
내가 처음 이곳으로 이사 왔을 때만 해도 그곳은
그저 아무도 돌아보지 않는 달동네였습니다.

그런데도 왠지 정이 가서 틈이 날 때마다 골목골목을 돌아다니곤 했고
한 사진기자가 골목 풍경들을 담은 사진집을 내는 걸 보기도 했습니다.
사람이 살다가 어디론가 떠나 집이 비기도 하고
건물의 신축은 물론 수리도 안 된다고 하던 행정기관의 완고함으로
문짝이 떨어지고 벽이 허물어져도
누구도 손댈 수 없다고 하여
그냥 그대로 간신히 사람이 사는 집도 적지 않았습니다.

그렇게 텅 비어 휑한 집 앞에서 왠지 발길을 끄는 것 같은 느낌에
멈춰 서서 한참을 들여다보는 동안
'저 공간에서도 그 어느 때에는
사랑도 하고 꿈도 꾸며 사람들이 살고 있었겠다'는 생각이 들었고
그런 그림이 떠오르는 것과 함께
거기 살던 이들의 현재가 궁금해지던 일이 있었습니다.

'혹시 道(도) 이전에 꿈이 있지는 않았을까' 하고 중얼거리다가
입가에 괴는 웃음을 쓱 닦아내고
다시 눈길을 본문으로 향합니다.

변화라고 하는 것은 천천히 일어날 때 힘이 있습니다.
어제 본 그것을 한 밤 자고 일어나서 다시 보면
어디 달라진 것이 하나도 없을 것 같지만
엄밀하게 본다면 똑같은 것은 하나도 없는 것,
그렇게 하루 낮이 지나 해가 저물 때 보아도
눈으로 보기에는 역시 똑같아 보이는 것,
거기서 일어나는 잉태와 탄생, 성장과 노쇠들…….
그런 변화에는 부작용이 적습니다.

그러나 어마어마한 바람이나, 비 또는 눈이 일으키는 변화는
곳곳에 수많은 피해를 낳습니다.
살아갈 터전이 무너지고 휩쓸려 나가며
수많은 생명들이 견디지 못하고 죽기도 합니다.

혁명이 두려운 것은 그 변화의 크기 때문입니다.
그 전쟁과 닮아 있는 폭력성,
처음 시작될 때의 정신이라든가 가치들은 사라지고
거대해진 집단의식이 모든 것을 결정짓는 광기,
그리고 여기서 사람들의 눈빛을 바꾸는 선동(煽動)의 위험까지…….

수암골의 변화가 바로 그러한 것,
아무 것도 건드리면 안 된다고 못을 박던
양순한 그곳 주민들에게는 범처럼 사납고 바위처럼 요지부동이던 공무원들이

그곳을 개발하려고 덤비는 자본 앞에서는 양처럼 순해져서
상상도 할 수 없는 잣대를 적용하여 개발 허가를 내 주고
그리하여 느닷없이 밤이면 불야성을 이루는 곳이 되어 버린 지금,
그것을 탓하는 것보다
급격한 변화의 위험을 보아야 하는 아픔을 겪는 것 말고는 달리 할 일이 없습니다.

눈에 보이는 폭이 큰 변화들은 폭력성을 그 안에 담고 있습니다.
옛늙은이가 그러하였듯이
나는 모든 형태의 폭력을 두려워하고 그것을 거부합니다.
꼭 폭력을 써야 할 경우가 있다면
그것은 힘없는 사람이 억울하게 짓밟히는 것을 막으려 할 때뿐입니다.
그러나 그것도 쓴 다음 즉시 거두지 않으면 안 되고
수습하는 데에는 적지 않은 애를 써야 한다는 걸 압니다.

모든 변화는 천천히,
그리고 은근하게 진행되는 것이 생명질서의 순리입니다.
그것을 일러주는 道(도)와 德(덕)의 작용!

쉰둘

씨앗과 열매

글마루

天下(천하)는 有始(유시)하니 以爲天下母[28](이위천하모)요 旣得其母(기득기모)로 以知其子(이지기자)하고 旣知其子(기지기자)로 復守其母(복수기모)면 沒身不殆(몰신불태)니라.

塞其兌(색기태)하고 閉其門(폐기문)하면 終身不勤(종신불근)이요 開其兌(개기태)하고 濟其事(제기사)하면 終身不救(종신불구)라.

見小曰明(견소왈명)이요 守柔曰强(수유왈강)이니 用其光(용기광)으로 復歸其明(복귀기명)이면 無有身殃(무유신앙)이니 是謂習常(시위습상)이니라.

풀이

세상 모든 것에는 시작이 있으니
이로써 그 모든 것의 근본을 삼고
그 근본을 얻음으로써 결과를 알 수 있으니
결과를 알아 다시 근원을 지키는 데로 돌아가면

28) 여기서는 母(모)를 '모든 것의 근본'으로 보았습니다.

끝내 위태롭지 않을 것이다.

입구를 막고 문을 닫으면
목숨이 다할 때까지 근심이 없을 것이며
입구를 열어놓고 일을 주무르려 하면
죽을 때까지 안전하지 않을 것이다.

보잘것없는 것에 눈길 주는 것을 깨달음이라 하고
부드러움을 놓치지 않는 것을 힘 있다고 하니
이를 빛으로 삼아 다시 그 깨달음으로 돌아가면
몸에 재앙이 없을 터
이를 일러 예로부터 이어져 온 삶의 길을 따른다고 한다.

이야기

같은 것을 두고 다른 표현을 하는 것이 많은데
그 중 하나가 씨앗과 열매일 것입니다.

닭이 먼저냐 달걀이 먼저냐 하는 말과 같은 것일 수도 있는데
말은 씨앗과 열매라고 했지만
앞뒤를 가려서 말한다면
열매와 씨앗이라고 말하는 게 옳을 것입니다.

물론 애초에는 씨앗이었겠으나
현재 존재하는 것들의 대부분은 열매로부터 비롯된 것이 사실.
수없는 진화와 변이를 거듭하면서
오늘날의 생명세계가 이루어졌다고 볼 때 그렇다는 말입니다.

열매는 과거로부터 현재까지의 상태를 기준으로 한 이름이고
씨앗은 지금부터 앞으로 전개될
가능성을 염두에 둔 이름라는 것도
이쯤이면 넉넉히 헤아릴 수 있을 것입니다.

그러니까 꽃 진 자리에 매달려 떨어질 때까지가 열매이며
떨어져 싹을 틔울 때까지가 씨앗이라는 말인데,
과거에 잘 살았으면 알찬 열매가 열리고
씨앗에서 싹이 나서 자라면서
그 과거가 반복되는 모습이 생명의 순환입니다.

열매일 때는 닫고 씨앗일 때는 여는 생명의 신비,
부드러운 것이 모든 강한 것을 품을 수 있다는 것이 확인되는 자리는
또 얼마나 아름다운 숭고함인지!

더욱이 놀라운 것은
모든 열매 맺는 것들이
실제로 필요한 것보다 훨씬 많은 열매를 맺는다는 사실입니다.

어찌 보면 엄청난 과잉생산으로 보이지만

거기에 생명의 진실이 담겨 있고
그 때문에 생명세계가 끊임없이 이어지고 있다는 것으로써
우리의 생명현상이 설명된다는 것은
고요한 신비입니다.

내가 이렇게 여기 살아있다는 사실로부터 헤아려 보는
우주가 생겨나게 된 그 씨앗은
또 무엇의 열매였는지
그것을 지금 여기서 살필 수 있다는 말까지를 알아듣는다면

열매와 씨앗이라는 그 말 안에
생명의 순환질서가 담겨 있고
모든 곳이 시작점인 동시에
또한 모든 곳이 종착점이라는 것까지도 헤아릴 수 있으니
굳이 어디 여기 아닌 곳 저 먼 데를 헤매며 찾을 필요가 없다는 것쯤이야
누구라도 알 수 있는 일입니다.

여기서 한 걸음 내디뎌 살피면
아침은 씨앗이고 저녁은 열매라는 말도 가능할 듯한데
하루를 살고 난 뒤
닫히는 하루 너머에 열리는 새날,
바로 내 것이고, 이 글을 읽는 그대의 것입니다.

쉰셋

참 쉬운 길

글마루

使我介然有知(사아개연유지)면 行於大道(행어대도)요 唯施是畏[29](유시시외)라.

大道(대도)는 甚夷而(심이이)하나 民好徑[30](민호경)하니 朝[31]甚除(조심제)하고 田甚蕪(전심무)에 倉[32]甚虛(창심허)인데 服文綵(복문채)하고 帶利劍[33](대리검)하여 厭飮食(염음식)에 財貨(재화)는 有餘(유여)하니 是謂盜夸(시위도과)요 非道也哉(비도야재)아니겠는가.

---

29) 여기서 나는 畏(외)에 대한 의역을 시도하기로 하여, '소중히 여기다'로 읽기로 했습니다. 그렇게 하는 것이 '누군가를 돕거나 살리는 행위'라고 할 수 있는 施(시)의 뜻이 제대로 소화될 수 있다고 본 까닭입니다.

30) 徑(경)은 '지름길'인데, '간사함'이라는 뜻도 있습니다. 결국 이 말은 '편법'이라는 뜻입니다.

31) 여기서 朝(조)는 일반적으로 '조정(朝廷)'이라고 풀이하지만, 현대 민주주의 사회를 염두에 두고 볼 때 '자신의 앞'이라고 보는 것이 더 타당하다고 봅니다.

32) 마찬가지로 '창고'라고 번역하여야 할 倉(창) 역시 현대적 관점을 따라 '주머니'라고 번역합니다.

33) '날카로운 칼을 찼다'는 帶利劍(대리검)은 '남을 비판하는 데에는 가차없다'는 뜻입니다.

풀이

만일 내가 무엇인가 조금 아는 것이 있다면
제 길을 가는 실천으로 삼아
오직 살리는 일(施)을 소중(畏)히 여길 것이다.

제대로 된 길은 아주 편안한데
사람들은 지름길을 좋아한다.

제 앞에 쓴 소리 하는 이 하나도 두지 않고
논밭은 풀로 우거졌으며
주머니는 텅텅 비었지만 옷들은 화려하게 입고
날카로운 칼을 차고 다니며
물리도록 먹고 마시는데도
재산은 남아돌아간다고 하니

이를 일러 도적놈의 호사라 할 수 있을 터
이게 어디 길이겠는가.

이야기

술수와 편법, 불의와 부정, 불법과 탈법이 난무하는 세계가 있습니다.
거기서는 힘 있는 것이 임금입니다.

그런 사회가 지속되기 위해서는 거기에 편들어 사는 무리들이 있습니다.
그 핵심에 조작된 여론이 있다는 것까지 말하지 않을 수 없습니다.

더군다나 그런 사회일수록
더 도덕적인 척하고 정의를 입에 달고 살거나
아니면 포장이 아주 그럴듯합니다.
뚜껑을 열고 보면
가장 그럴싸해 보이는 것이 가장 더럽고
거룩해 보이는 것일수록 위험한 것이라는 것도 알게 됩니다.

더욱이 그런 것들이 남을 비판하거나 단죄할 때는 가혹하기 그지없는데
황당한 것은
그런 사회에서는 늘 정직하고 성실한 사람이 죄인이 되거나
그늘에서 살아간다는 점입니다.

우리는 모두가 보았습니다.
역사상 가장 포악한 도둑과 가장 교활한 도둑이
합법을 가장하여 국가와 국민의 재산을 도둑질하는 것을,
포악한 도둑은 정의를 읊어대고
교활한 도둑은 청렴을 입버릇처럼 주절대던 것까지…….

사실 그 도둑은 느닷없이 나타난 것은 아닙니다.
그 앞에 또 엄청난 도둑들이 선례(先例)를 남겼고
그 두 도둑은 그것을 이어받아 훨씬 더 크게 해먹었다는 차이가 있을 뿐.
그때 침묵하던 이들의 비굴함과

참지 못하고 바른 말을 하다가 죄인으로 몰린 사람들,
모두가 어이없을 정도로 슬픈 역사들입니다.

그런 때에도 세상이 그런대로 돌아가는 것처럼 보였지만
실상은 그 사회를 이루는 절대다수의 구성원들이 피해자라는 사실과
군림하는 줄 알았던 자들은 모두가
하나같이 환자였다는 건 말할 것도 없습니다.

잔인하고 야비한 무리 앞에서 비굴해지지 않으면 존재할 수 없는 시간들은
영원히 끝나지 않을 것 같아서
'그게 바로 세상'이라고 자조(自嘲)어린 변명을 해야 했던 구차함도 기억합니다.
그렇게 살아온 세월이 결코 짧지 않았고
아까운 인재들이 형장의 이슬로 사라지거나
여론에 의해 매장당한
피로 써야 했던 역사가 그 안에 고스란히 잠들어 있습니다.

조금 다른 이야기이긴 한데
살아오는 동안 본 여러 가지 중 하나가
깨달음을 얻었다고 하면서 아주 그럴 듯한 말을 하는 사람들이었습니다.
그들은 한결같이 말을 잘하고 주변에 추종자들이 있었습니다.

그들은 자신의 깨달음을 세상에 알려야 한다고 하면서
더 많은 사람들을 끌어 모으고

그것으로 하나의 세력을 형성하면서
결국은 그들에게 돈을 거두기도 하고
뒤에서는 온갖 부정과 부패를 쌓으면서 살아가는 것이 대부분이었습니다.

그러나 본문이 분명하게 말하고 있는 것처럼
'조금이라도 아는 것이 있으면 그것을 펼쳐 실천을 하는 것'이
옛늙은이의 큰 길이었고
사람이 따르고 안 따르고는 거기에 끼어들 자리가 없습니다.

무리를 형성하는 것이나 돈을 거두는 것과
깨달음의 사이에는 아무런 연결고리가 없는데
교묘한 장치들을 마련하면서 그런 짓을 하는 사람이 있으면
경계하여 뒤로 물러서야 할 일입니다.

세상을 살아가면서 속을 일이 참 많기도 한데
눈 열고 보면 거짓말일수록 그럴듯해 보인다는 사실이며,
타락한 정치의 교활과 변질된 종교, 그리고 제 길에서 벗어난 지식을 포함하여
사회를 어지럽히는 무리들을 없애버릴 수는 없으니
정신 똑바로 차리고 명심해야 할 일은
곳곳에 함정과 올무가 도사리고 있다는 점입니다.

아무리 그럴듯해 보여도
소수인 그들은 틀림없는 도둑놈들이고

나머지는 그들에게 도둑맞으며 살아간다는 말인데
반드시 극복되어야 할 뿐만 아니라
그것을 거울삼아 제대로 된 세상을 여는 지렛대로 삼아야 할 터,

가야 할 길도 멀고 풀어야 할 숙제도 간단하지만은 않지만
그것이 바로 삶의 이유임을 알아차리고 나면
산다는 것은 그래서 오히려 재미있다는 것도 알 수 있습니다.

쉰넷

작은 변화에 바뀌는 운명

글마루

善建者(선건자)는 不拔(불발)하고 善抱者(선포자)는 不脫(불탈)하니 子孫以祭祀不輟(자손이제사불철)이니라.

修之於身(수지어신)에 其德乃眞(기덕내진)하고 修之於家(수지어가)에 其德乃餘(기덕내여)하며 修之於鄕(수지어향)에 其德乃長(기덕내장)하고 修之於國(수지어국)에 其德乃豊(기덕내풍)하며 修之於天下(수지어천하)에 其德乃普(기덕내보)니라.

故(고)로 以身觀身(이신관신)하고 以家觀家(이가관가)하며 以鄕觀鄕(이향관향)하고 以國觀國(이국관국)하여 以天下觀天下(이천하관천하)니라.

吾何以知天下然哉(오하이지천하연재)인가, 以此(이차)니라.

풀이

제대로 세운 것은 뽑히지 않고
제대로 안은 것은 벗어나지 않으니
자손의 제사가 끊어지지 않는다.

자신을 닦음에 그 덕이 참되고
집안을 돌봄에 그 덕이 남으며
고을을 살핌에 그 덕이 길고 길며
나라를 지킴에 그 덕이 넘쳐나며
천하를 섬김에 그 덕이 두루 미친다.

그러므로 사람으로 사람의 됨됨이를 보고
집안으로 집안 일의 되어감을 보며
고을에서 고을을
나라에서 나라를
천하로 천하를 본다.

내 어찌 세상이 그러한 줄 알겠는가.
바로 이것으로 알게 된 것이다.

이야기

한때 觀(관)이라는 글자에 푹 빠져 지낸 적이 있습니다.
자신의 주관을 내려놓고 있는 그대로 보려 하는 것,
보고 있다고 생각하는 그것이 제대로 보는 것이 아닐 수도 있으니
그것이 있는 그대로 보일 때까지
바라보는 것을 뜻한다고 생각한 까닭입니다.

때로 붓으로 이 글자 하나를 써 놓고
'가만히 들여다보면 절로 얼굴을 드러내는 해법'이라고
서툰 글씨를 써서 남에게 주었던 일은
떠오를 때마다 좀 민망하기도 합니다.

사람이거나, 집안이거나, 한 조직이나 집단, 또는 국가의 일까지도
언뜻 생각하면 복잡하여 뭐가 뭔지 알 수 없을 듯하지만
사람 사는 모든 일을 가만히 지켜보면
참모습이 드러나는 것은 자연스러운 일이라,
그렇기 때문에 무슨 일을 하거나
그 하는 일에 자신의 모든 삶을 걸어야 한다는 말일 수도 있습니다.

맑은 날이라고 마냥 좋아만 하지 않고
구름이 끼거나 비가 오거나 또는 바람이 분다 하더라도
그것이 있지 않아야 할 일이라고 말하지 않는
하늘의 성실함을 배우라는 말로 듣는다면
더 말할 나위가 없을 터,

모든 것의 해법이 드러나는 그 자리는
먼저 사고와 시각의 균형이 바를 때 가능할 터인데,
요즘 교육은 크게 바람직한 방향으로 달라지기도 했지만
우리는 처음부터 중심축이 기울어지거나
현상을 제대로 볼 수 없는 혼란스러운 교육을 받으며 자랐음을 돌아봅니다.

아직도 중요 교과과목에 윤리가 포함되지 못한 것이나
예체능 과목이
그 방면의 특기를 가지고 있는 아이들에게만
집중적으로 이루어지고 있는 것은
하루 빨리 시정해야 할 우리 교육의 과제일 것입니다.

우리가 받은 윤리교육을 돌아보면
억울하기까지 하다는 생각이 듭니다.
나중에 그것이 '바른생활'이라는 교과목으로 이름이 바뀌기도 했지만
우리 초등학교 때에는 도덕이라고 했다가
한때는 '반공도덕'이라고도 되었던 것과
중·고등학교에 가니 윤리라고 했던 것으로 기억하는데,

이 과목에서 인간이 살아야 할 품성을 배운다고 했지만
그 기본적인 품성에 누군가를 증오하는 것까지 함께 강요받아야 했으니
여기서 윤리적 태도와 가치관은 심하게 일그러질 수밖에 없었고
특히 반공이라는 말에서 증오를
승공이라는 말에서 전투적 태도를 요구받았으니
교과목의 배치나 편성이라는 것이 참으로 비교육적이었습니다.

이후 좌와 우의 균형이
심하게 기울어진 시대를 살아야 했던 것까지를 헤아리면
그 자체만으로도 불행이었습니다.
그것을 극복하고 균형잡힌 사고를 할 줄 아는 사람들은
그래도 나중에 자라면서 철학적 기반이 제대로 잡힌 경우였습니다.

균형으로부터 조화가 나오는데
그런 의식의 균형이 기울어진 상태에서
윤리적 가치관이 바탕에 놓인 사회를 기대하는 것은
무지개를 다리 삼아 산을 넘겠다는 것과 다르지 않다는 것을
모를 이가 없을 것입니다.

관(觀)을 배우기 위해 위빠싸나 수행을 공부하던 일이 기억납니다.
'있는 그대로 바라보기'를 과제로 하면서
걸음걸이를 살피고,
거기서 내 몸이 균형을 잃고 있다는 것을 알아차리던 순간의 놀람과
그나마 늦게라도 그것을 알게 되었다는 기쁨이 작지 않았습니다.

그런데 이 균형이라는 말이 간단하지 않습니다.
왼쪽과 오른쪽, 또는 위와 아래, 안과 밖, 앞과 뒤가
고루 균형이 잡혀 있을 때 비로소 '바르다'고 말할 수 있거니와
입체적 균형을 이룬다는 일은
언뜻 들어도 쉽지 않은 일임을 누구라도 알 수 있을 것입니다.

그러니 균형이 잡혀 있는 몸이 체육의 궁극이고
균형이 잡혀 있는 사고는 인문학의 목표이니
거기서 나오는 건강, 그리고 말과 실천이야말로
정의에 가까울 것입니다.
그러니 이 일이 일생의 숙제라는 것을 알고
이 균형을 찾아 하나씩 가닥을 잡아가는 것만큼 큰 할 일은

없다고 해도 틀린 말이 아니라는 것은 당연합니다.

한때 세상을 바꾸겠다고 팔뚝질을 하면서도
정작 자신을 바꾸기 위해서는 어떤 노력도 하지 않았던 나도
거기서 함께 보였는데
이후 나를 들여다보면서 걸음걸이를 고치려 했지만
아직도 걸음걸이 하나 제대로 고치지 못한 채
여전히 숙제로 안고 애만 쓰고 있습니다.

그 뒤에 얻은 말이
'사소해 보이는 습관 하나를 고치면 운명이 바뀐다'는 것인데
아직도 내 운명이 바뀌기까지는
적지 않은 노력이 필요하다는 그 분명한 사실이며
위와 아래, 왼쪽과 오른쪽이 균형을 갖춰
내 몸 안의 오장육부가 조화롭게 되는 일이야말로
내가 안고 있는 지상 최대의 과제라는 것은

나뿐 아니라
그 누구라도 그럴 것입니다.

쉰다섯

부드러움과 너그러움으로

글마루

含德之厚(함덕지후)는 比於赤子(비어적자)니 蜂蠆虺蛇(봉채훼사)가 不螫(불석)하고 猛獸(맹수)가 不據(불거)하며 攫鳥(확조)도 不搏(불박)하느니라.

骨弱(골약)하고 筋柔而(근유이)라도 握固(악고)요 未知牝牡之合而(미지빈모지합이)나 全作(전작)하니 精之至也(정지지야)요 終日號而(종일호이)나 不嗄(불애)니 和之至也(화지지야)라.

知和曰常(지화왈상)이요 知常曰明(지상왈명)이며 益生曰祥(익생왈상)이요 心使氣曰强(심사기왈강)이라.

物壯(물장)이면 則老(즉노)인데 謂之不道(위지부도)요 不道(부도)면 早已(조이)니라.

풀이

그윽함을 품어 넉넉해짐은 갓난아이에 견줄 수 있으니
벌, 전갈, 독사가 쏘지 않고
맹수도 잡아가지 않으며
무서운 새도 채어가지 않는다.

뼈는 여리고 힘줄은 부드럽지만 쥐는 것은 단단하고
이성과의 교합은 몰라도 그 기능은 왕성하니
중심은 힘으로 가득하여 종일 소리를 질러도 목이 쉬지 않으며
기운의 흐름이 자연스럽다.

기운의 흐름이 조화로운 것이 바른 생명현상이고
그것을 아는 것이 깨달음이며
삶을 쌓아가는 것이 상서로움이고
가슴의 기운을 다룰 줄 아는 것이 강함이다.

모든 것이 자라면 늙는데
이는 제대로 된 생명현상이 아니며
그것은 곧 때 이르게 이지러질 수밖에 없다.

이야기

우리는 지금 21세기[34]를 살고 있습니다.
20세기와 21세기는 그 사고나 의식,

34) 21세기가 열린다며 1999년부터 새 천년 맞이 준비를 떠들썩하게 했는데, 마치 무슨 엄청난 새로움이 있을 것처럼 시끄럽던 2000년 한 해는 우스개 놀이에 지나지 않았습니다. 결국 장사꾼의 농간이라고 할 밖에요. 무엇보다 새 천년은 2001년이어야 옳습니다. 서기 0년이 없었기 때문입니다.

그리고 삶의 내용의 차이가 이만저만 크지 않습니다.
과학의 발달과 끝없는 새로운 세계에 대한 추구는
이전의 시대와는 전혀 다른 세계를 향한 지평을 열었고
아직은 부분적이지만 인간의 인식체계 또한
엄청난 변화의 시대를 맞이하고 있습니다.

신화와 전설이 보편적 문화를 이루고
별은 아득한 신비이고
깜깜한 어둠은 끝 모를 공포의 바다였던 시대의 상식과
과학을 기반으로 하는 현대의 합리적 사고 사이의 정서적 거리에는
까마득한 심연이 가로놓여 있습니다.

시간과 공간의 거리를 염두에 둔 해석이 필요한데
그 핵심에는 부드러움과 너그러움이 해석학적 도구로 자리잡게 될 때
비로소 그 심연을 건너는 다리를 놓을 수 있습니다.
이전의 세계와 현대가 단절된 것이 아니라
불연속처럼 보이는 연속이라는 것도 거기서 보일 것입니다.

그리고 자연스럽게 나오게 되는
불편하거나 거슬리는 것을 적으로 삼지 않는 마음가짐이며,
다른 것을 내 뜻대로 부릴 수 있도록 길들이려는 태도를 버리기
자신이 세계의 중심이라고 하는
아집과 오만, 이 둘을 묶어 한 낱말이 된 어리석음을 내려놓기도 필요합니다.

그러면 알게 될 수 있는 분명한 것
내가 그러하듯
이 세상 그 무엇도 내 마음에 들거나
나를 위해 존재하지 않았다는 사실까지만 본다면
걸어가는 길에 만나는 모든 것을 벗 삼을 수 있겠다 싶은데

문득 한 사람이 떠오릅니다.
평소 마음으로 무척 가까이 지내는 그는
덩치가 그리 크지 않고 털은 긴 반려견과 함께 살고 있습니다.

어느 날 그가 데리고 온 개를 보면서
반려동물과 같이 사는 이야기를 나누기 시작했는데
그때 그가 한 말은 오래도록 지워지지 않도록
내게 긴 울림으로 남아 있습니다.

"저는 동물과 같이 사는 사람들이
그 동물을 자기 마음에 들게 하거나 또는 자신이 편리하기 위해서
말을 가르치려 하고, 행동을 제한하면서
길들이는 일은 바람직하지 않다고 생각해요.
결국 그것이 그들의 생명권을 침해하는 일이잖아요?"

그렇습니다.
내가 그러하듯 이 세상의 그 누구, 또는 그 무엇도
다른 사람이나
함께 하는 다른 그 무엇의 소유로 이 세상에 오지 않았다는 사실,

그저 함께 손을 잡거나 어깨동무를 하거나
마음 나누며 어우러지면 된다는 뜻을 그때 다시 한 번 확인했습니다.

공존이라는 말이 존재한다는 그 사실 자체가
행복의 씨앗이라는 것까지 살피고 나면
어떻게 살아야 하는지를
조금은 더 알게 되지 않을까 싶습니다.

쉰여섯

말의 한계와 그 어려움

글마루

知者(지자)는 不言(불언)하고 言者(언자)는 不知(부지)니라.

塞其兌[35](색기태)에 閉其門(폐기문)하여 挫其銳(좌기예)하고 解其紛(해기분)하라.

和其光(화기광)에 同其塵(동기진)이면 是謂玄同(시위현동)이니 故(고)로 不可得而親(불가득이친)하고 不可得而疎(불가득이소)하며 不可得而利(불가득이리)하고 不可得而害(불가득이해)하며 不可得而貴(불가득이귀)하고 不可得而賤(불가득이천)하니 故(고)로 爲天下貴(위천하귀)니라.

풀이

알면 입을 다물고
시끄럽게 떠드는 것은 아무 것도 모른다는 것,

35) 여기서 兌(태)는 '구멍'의 뜻으로 쓰였는데, 눈, 코, 귀, 입, 피부의 '다섯 감각기관'으로 이해했습니다. 다음에 '입' 門(문)으로 다시 거론되는데, 이 때는 '말을 하는 입'으로 보면 兌(태)의 한 부분으로서의 입과, 門(문)으로 표현되는 '자신의 의사를 표현하는 입'이 다르다는 것은 누구라도 알 수 있을 것입니다.

감각기관을 틀어막고 입을 닫으며
날선 것은 무디게 하고
얽힌 것을 풀어야 한다.

빛을 머금고 티끌에 머물 줄 안다면
이를 일러 현묘한 어우러짐이라 하니

그러므로 가까이하려 해도 가까워지지 않고
멀리하려 해도 늘 그만큼의 거리
이롭게도 할 수 없고 해를 끼칠 수도 없으며,
귀하게도 천하게도 할 수 없으니

그야말로 신비로운 공존이라,
그러므로 온 세상이 우러르는 삶이 된다.

이야기

인류가 언어를 가지게 된 것은 큰 행운입니다.
그런데 언어로 모든 것이 다 표현될 수 있느냐고 물을 때
그 대답은 쉽지 않습니다.
언어 때문에 오히려 상황이 복잡하게 되는 경우도 많고
때로 말로 빚어지는 갖가지 오해나 불행까지도

우리 삶의 곳곳에서 보는 하나의 현상이라는 것은
누구나 다 잘 알고 있는 일입니다.

더욱이 난무하는 언어의 복잡한 숲에서 길을 잃고 나면
언어가 갖고 있는
부정적 기능이나 한계에 대해서도 생각하지 않을 수가 없고
말에 담긴 내용과 속에 품고 있는 뜻이 다른
수많은 상황들이 존재한다는 것까지 헤아리면
왜 옛늙은이가 말이라는 것에 부정적이었는지도 조금 더 쉽게 와 닿습니다.

감각기관으로 느끼고 있는 것을 진지하게 다시 한 번 살펴보기,
말해야 할 것들이 있을 때
그 말을 할 만한 실천이 있었는지,
그리고 말을 한 다음 그 말에 대해 성실한 책임을 질 수 있는지를 되묻기…….

말, 특히 우리말에 대한 큰 아쉬움 하나는
그것이 우리 겨레에게는 참으로 소중한 재산이고 가치인데
이것이 갖가지 이유로 흐트러지거나 오염되고 있다는 것을
곳곳에서 보게 된다는 점입니다.

이제는 옛사람이 된 어른이 살아계실 때
'말글살이'라고 말하면서 그토록 지키고 살리고자 함께 애쓰던 그 일이
소중한 경험이기도 하고

그 정신은 지하를 흐르는 실처럼 가는 수맥으로만 존재하고
말글살이를 어지르고 흐트러뜨리는 온갖 현상들이
우리 언어 현실의 표면입니다.

처음에는 학자라는 이들이
자신의 지식을 언어로 포장하는 과정에서 무분별하게 들여다 쓰면서 오염을 부채질하더니
이어 그것이 무슨 대단한 것이라고 흉내내던 사람들이 많았습니다.

갖가지 문화와 시대의 변화를 타고
미처 소화시킬 수 없이 생겨나는 신조어(新造語)들과
무분별한 줄여쓰기나 외래어 끼워 넣는 말장난들에 이르기까지,
겨레얼을 담는 것이 말이라는 것에 지나친 방점을 두는 것은
말글살이를 제한하는 것일 수 있다는 것은 모르지 않으나
살피고 헤아리면서 소중한 우리말을 갈고 다듬는
아기자기한 말글살이의 세계가 늘 아쉬운데,

최근에 나온 영화 〈말모이〉의 장면 장면이
자성(自省)의 화살이 되어 아픈 가슴을 찌릅니다.
우리말을 더욱 아끼고 보듬어야겠다고 혼자 중얼거리며
이 또한 숙제로 안기로 합니다.

쉰일곱

어지럽거나 복잡하지 않게

글마루

以正治國[36](이정치국)에는 以奇用兵[37](이기용병)이니 以無事取天下[38](이무사취천하)니라.

吾何以知其然哉(오하이지기연재)인가 以次(이차)니라.

天下(천하)에 多忌諱(다기휘)면 而民彌貧(이민미빈)하고 民多利器(민다리기)면 國家滋昏(국가자혼)하며 人多伎巧(인다기교)면 奇物滋起(기물자기)하고 法令滋彰(법령자창)하면 盜賊多有(도적다유)니라.

故(고)로 聖人(성인)이 云(운)하기를 我無爲(아무위)면 而民自化(이민자화)하고 我好靜(아호정)이면 而民自正(이민자정)할 것이며 我無事(아무사)면 而民自富(이민자부)하고 我無欲(아무욕)이면 而民自樸(이민자박)이니라.

---

36) 여기서 正(정)은 '올바름'으로 보는 것보다는 '자신의 의도에 의한 기준점을 미리 정해 놓는 것'으로 이해를 하는 게 좋을 듯 합니다. 治國(치국) 또한 '나라를 돌봄'이라고 해도 좋을 터이지만, '일을 하는 것'으로 보는 게 더 현대적 정서에 가까이 와 닿을 것 같습니다.

37) 奇用兵(기용병) 또한 '편법으로 병사를 쓰는 것'이라는 직접적인 의미보다는 '무리한 일처리 방식'으로 보는 게 전체 문맥과도 크게 어긋나지 않을 듯 합니다.

38) 그렇게 보면 天下(천하)도 '이 세상'이라고 보는 것보다는 '이루고자 하는 그것'으로 읽는 것이 자연스럽습니다.

풀이

미리 기준점을 정해 놓고 일을 처리하려고 하면
억지를 부려 무리한 일처리를 할 수밖에 없는데
그런 무리수를 두지 않을 때에만 뜻한 바를 이룰 수 있다.

내가 어찌 그러한 줄을 알겠는가,
이로써다.

세상에 속이고 꺼리게 하는 것이 많을수록 사람들은 가난하게 되고,
사람들이 문명을 많이 누리면 세상은 더욱 어지러워질 것이며,
잔재주 부리는 사람이 많으면 심란한 물건이 넘쳐나고
법령이 복잡해지면 도적도 그만큼 많아지는 법,

그러므로 옛 스승이 이르기를
내가 아무 것도 하지 않으면 사람들이 저절로 어우러지고,
내가 맑아지면 사람들이 절로 올바르게 살 것이며
내가 일 없음으로 살아가면 사람들이 자연스럽게 부유해지고,
내가 욕심을 내려놓으면 사람들은 그들 자신으로 살아갈 것이다.

이야기

나는 봄날 딸기밭 가는 것을 좋아하지 않습니다.

오래 전에 한 번 가본 적이 있는데
차를 타고 갔으니 추운 줄은 몰랐지만
바깥은 아직 눈발이 흩날리던 초봄의 어느 날,
'지금이 딸기 제철이라'고 하는 어이없는 말을 들으며 가서
딸기를 사 먹었던 적이 있습니다.

딸기의 제철이 언제부터 삼월이었던가
지금도 내 정서는 그것을 받아들이지 못하고
그래서 그예는 술에 취하지 않고는
딸기를 먹는 일을 몹시 꺼리게 되었습니다.

한 해에 달걀을 삼백예순다섯 개 이상 낳는 닭,
한 달이면 큰 닭이 된다는 양계,
석 달이면 성체(成體)가 된다는 돼지,
두 해 이상 살면 안 되는 소,

딸기를 비롯하여 이 모든 것들이 농산품이나 축산물이 아니라는 것
알고 보면 그건 공산품이라고 보는 것이 옳지 않겠는가 싶기도 한데
그렇게 생산하고 그걸 따라서 먹고사는 것을 보면
어느 눈 밝은 이가 하던
'누구도 인간에게 다른 생명의 수명을 결정할 권한을 준 일이 없다'는 말이
절로 떠오릅니다.

정상적인 것, 곧 본문에서 말하는 正(정)이라고 생각하는 것

수많은 이들의 입을 길들이고 배를 채우며 잇속을 챙기는 방법이라는 것이
하늘의 길과 많이 어긋나고 있다는 것을 볼 때마다
이게 바로 현대적 슬픔의 한 단면이라는 데까지 헤아림이 내닫습니다.

느닷없이 떠오르는 우스개 같은 옛 일 하나.
그리 오래 된 것도 아닌 1970년대의 인기 있는 신랑감이
요즘 사람들이 그리도 꺼리는 두 가지,
곧 대머리와 배 나온 사람이었다는 사실,

옛말에 '대머리와 배 나온 사람은 제 식구 굶기지 않는다'는
그 생각이 반영된 일이었지만
아마 이제는 밥을 굶게 되는 절대빈곤이 거의 해소되어
그런 사람이 기피 신랑감의 상징처럼 된 것은 아닌가 싶기도 합니다.

변화하는 세상의 흐름을 막을 수는 없지만
인간이 주도하는 변화는 신중하지 않으면 안 됩니다.
자연의 흐름에 걸음걸이를 맞출 줄 아는
생명걷기라고 할 수 있는 걸음걸이가
오늘 우리가 배워야 할 미래를 향해 발 내딛는 걸음마는 아닐지
부질없는 소리 같긴 하지만
한번 던져 봅니다.

쉰여덟

빛나지만 눈은 부시지 않은

글마루

其政悶悶(기정민민)이면 其民淳淳(기민순순)하고 其政察察(기정찰찰)하면 其民缺缺(기민결결)이라.

禍兮(화혜)여 福之所倚(복지소의)요 福兮(복혜)여 禍之所伏(화지소복)이니 孰知其極(숙지기극)인가 其無正(기무정)이라.

正復爲奇(정복위기)하고 善復爲妖(선복위요)니 人之迷(인지미)가 其日固久(기일고구)라.

是以(시이)로 聖人(성인)은 方而不割(방이불할)하고 廉而不劌(염이불귀)하며 直而不肆(직이불사)하고 光而不燿(광이불요)니라.

풀이

일처리가 느슨하면 함께 하는 사람들이 순박해질 것이며
다스림이 깐깐하면 사람들은 쩔쩔맬 것이다.

불행이라니
복이 기대고 있는 자리이며,

행복이라니
거기 불행이 엎드리고 있으니
누가 그 궁극을 알겠는가.
언제나 한결같이 정해진 것은 아니다.

바른 것의 끝자리에 그름이 있고,
잘하는 일이 나중에는 어지러움이 되기도 하니
사람들이 혼란스러워함이 실로 오래된 일이다.

그러므로 제대로 사는 이는
나누지만 쪼개지는 않으며
올곧지만 상처를 입히지 않으며
반듯하나 제 뜻을 주장하지 않고
빛나지만 눈부시게는 하지 않는다.

이야기

봄 햇살을 쏟아내는 해를 바라보는 일은 미련한 일입니다.

온몸으로 겨울을 버텨내느라
잎을 땅에 바짝 깔고 있던 총상식물(叢像[39]植物)들이

39) 요즘 흔히 rosette(로제트)라고 하는 말을 한자어로 바꾸면 叢(총) 즉, '다발'일 수

그 햇살을 향해 땅에 엎드려 있던 잎들을 쳐드는데
그것이 그들의 눈이 아니라 손과 발이라는 것을 알게 됩니다.
마침내 그들의 가슴 깊은 곳까지 받아들이는 봄 햇살의 따사로움,
그렇게 담아낸 햇살로 만들어내는 푸르름을 보는 일은
아름답고도 신비롭습니다.

식물의 눈과 귀 코와 입이 있다고는 생각할 수 없을지 모르지만
아무튼 어리석은 눈으로 보기에 식물의 머리는
우리가 흔히 말하는 뿌리에 해당하는 듯 싶고
그 어디인가 가슴과 배라고 할 수 있는 곳도 있다는 것을 헤아리면
식물이 옮겨다니지 못하는 것이 약점이 아니라
특징이라는 것까지 찾아내는 데
그리 시간이 오래 걸리지는 않을 것입니다.

어쨌든 그 식물의 손발과 가슴으로 담아내는 햇볕,
우리가 보아야 할 햇볕은 바로 이것이니
아무리 보아도 결코 눈부시지 않은
풀과 나무들이 머금고 있는 햇살이야말로
모든 동물들이 살아갈 수 있는 생명력의 근원인 것도
이쯤이면 누구라도 헤아릴 수 있을 것입니다.

그들이 햇살을 담아내는 광합성이라는 과정에서 나오는 산소와

있는데, 로제트식물이라고 말하는 이들을 종종 보면서 정확히 말하면 '로제트 像(상)' 식물이라고 하는 것이 옳다는 것을 밝혀 둡니다.

그렇게 자라면서 피워낸 잎과 꽃,
꽃이 담고 있는 꿀과 꽃가루,
열매와 뿌리까지,
물을 제외한 모든 생명양식이 다 여기에 있으니
날마다 풀과 나무들에게 고개를 숙이거나 절을 한다 해도
하나도 이상할 일이 아닙니다.

여기까지 헤아리면
어떤 것이 悶悶(민민: 어수룩하고 빈틈이 많음)한 일처리인지
察察(찰찰: 깐깐하게 족쳐대는 것)이 일처리를 제대로 하게 하는 것이 아니라
일하는 이들이 신명날 수 있는 길이 무엇인지
당장의 나만의 이익이 아니라
큰 틀에서 함께 춤출 수 있는 길은 어디에서 열리는지도
쉽게 알 수 있을 것입니다.

왜 인간이 자연 안에 있다고 하는 건지,
자연이 갖고 있는 힘이 무엇인지,
그런 자연과 맺어진 관계가 어떤 것인지를 다시 생각합니다.

우리가 지녀야 할 태도는 그저 고마움이 전부,
어디서나 고개 숙이지 않으면 안 되는 것이
우리가 해야 할 가장 큰 일이라는
분명한 답을 얻게 되는 셈법이 바로 이것입니다.

쉰아홉

슬픔으로 되새기는 '農者天下之大本'

글마루

治人事天(치인사천)에는 莫若嗇(막약색)이니 夫唯嗇(부유색)이면 是以早服(시이조복)이라.

早服(조복)은 謂之重積德(위지중적덕)이요 重積德(중적덕)이면 則無不克(즉무불극)이요 無不克(무불극)이면 則莫知其極(즉막지기극)이요 莫知其極(막지기극)이면 可以有國(가이유국)이며 有國之母(유국지모)는 可以長久(가이장구)니라.

是謂(시위)하여 深根固柢(심근고저)요 長生久視之道(장생구시지도)라 하느니라.

풀이

사람을 돌보며 하늘을 섬기는 데에는
농사만 한 것이 없으니,
농사라고 하면 그 때를 따르는 부지런함이며
그 부지런함이 덕을 거듭 쌓는 일이요,

그 도타움에는 못 넘어설 일이 없고,

그런 그윽함은 끝을 알 수 없으며,
그 능력에 하는 일이 든든하게 되고,
그런 일로 내린 뿌리는 오래갈 수 있으니
이를 일러 뿌리는 깊고 바탕이 든든하여
길이 오래 사는 길이라고 한다.

이야기

嗇夫(색부)라는 말이 있습니다.
이 嗇(색)은 穡(색)이라는 글자로 쓰는 경우가 많다고 하는데
도덕경이 오늘의 판본으로 고정될 무렵에만 하더라도
두 글자는 서로 같은 뜻으로 썼다고 합니다.

아무튼 결국은 嗇夫(색부)는 農夫(농부)라는 뜻이고
사람의 일을 하고 하늘을 모시는 일에
嗇(색)만한 것이 없다고 하니
農者天下之大本(농자천하지대본)이라는 말의
또 다른 표현으로 읽어도 괜찮을 듯싶습니다.

오늘의 일반적인 상황에서 볼 때
농사나 농부는 세상의 바탕이 아니고
천덕꾸러기로 전락했다는 것이 맞다고 보는 게 현실입니다.
농산물을 살 때마다

도대체 이 가격에 살 수 있다는 것이 믿어지지 않는
그야말로 헐값인 것을 보곤 하는데
이 농산물 어디엔가는 농민의 피와 눈물이 담겨 있겠다는 짐작이
전혀 허튼 것이 아니라는 생각은 늘 변함이 없습니다.

더욱이 농사꾼은 날마다 야위어만 가는데
농부에게 농산물을 사다가 팔아먹는 장사꾼은 날마다 살쪄가는 상황이고
그 정점에 농협이 있다는 것은 너도 나도 다 아는 일이지만
이 기울어진 운동장을 고를 정치나 행정은 아직도 기대하기 이른 수준입니다.

그것을 삶의 근본으로 삼을 때 비로소 모든 것이 가닥이 잡혀
두루 제 살아갈 삶을 살아갈 수 있다고 번역할 수도 있는
有國之母(유국지모)는 可以長久(가이장구)한다는 말이
언제 일반화된 상식으로 다시 자리잡을 수 있을지
아득하기만 한 노릇이지만
참 놀라운 일이 있습니다.

그렇게 농산물이 천대를 받고
그 농사를 지어 수지가 안 맞는 데도
때 되면 논밭 갈고 씨 넣고
싹트면 보살피기를 자식 돌보듯 하는 농부들이 있다는 사실!

봄에 들을 지나가다 보면

그렇게 일하는 농부들이야말로 이 시대의 아버지들이라는 말이
절로 나오는 것을 어쩔 수 없습니다.
그들은 이 시대의 아버지들이고
그들의 손마디가 거칠어지는 만큼
사람들의 배가 두둑해진다는 사실을 헤아리면
고마움을 넘어서는 숙연함으로 고개 숙이지 않을 수 없습니다.

수입농산물이 있는데 무슨 그런 말을 하느냐고 할 사람이 있을지 모르지만
나는 농부들이 흘리는 땀과 농작물이 자라는 것을 보는 눈길이야말로
그 어떤 가르침으로도 가 닿을 수 없는
살아 있는 교훈이라는 것을 매 순간 보기도 하고 느끼기도 하는데
이쯤에서 예전에 들은 이야기 하나 하고 넘어갈까 합니다.

오래 전에 사과농사를 짓는 늙은 농부를 만난 적이 있습니다.
그는 경찰대학에서 정년을 하고 농사를 시작했는데
그가 거두는 사과가 맛이 유난히 좋아
해마다 청와대에 납품을 하고 있다는 사람이었습니다.

이런 저런 농사짓는 이야기를 하는데
자기가 보기에 농사보다 어려운 일은 없더라고
공산품을 만드는 것은 한 가지를 만들기 시작하면
그게 어떤 것이든 3년만 하면 같은 것을
적게는 수백, 많게는 수천, 수만 번을 만들어 보니
숙련된 전문가라고 불러도 하나도 이상하지 않다고

그런데 농사라고 하는 것은 그렇지 않아서
한 번 농사를 지어 봤다고 하면 짧아도 한 해,
인삼과 같은 것은 대여섯 해가 걸리니
스무 해 농사를 지어봐야 겨우 스무 번, 또는 네 번 해 본 것이니
언제나 초보일 수밖에 없다는 것
그러니 자신이 돌보는 것을
늘 초보의 마음으로 가꾸지 않으면 안 된다는 생각으로 살았노라는 말이었습니다.

농사를 짓는 이들은 위대합니다.
그들의 위대함이 제 값을 받기까지는 아직은 길이 멀지만
꿈은 꾸어야 하지 않겠느냐고 스스로에게 묻는 동안
평생 농사꾼이던 내 아버지의 주름진 얼굴이 가만히 떠오르는데,

아, 그 얼굴,
웃음이 가득합니다.

예순

그 무엇도 다치게 하지 마라

글마루

治大國(치대국)은 若烹小鮮(약팽소선)이라.

以道莅天下(이도리천하)면 其鬼[40](기귀)도 不神(불신)하고 非其鬼(비기귀)도 不神(불신)하며 其神(기신)도 不傷人(불상인)하고 非其神(비기신)도 不傷人(불상인)이라.

聖人(성인)도 亦不傷人(역불상인)하니 夫兩不相傷(부양불상상)이요 故(고)로 德交歸焉(덕교귀언)이니라.

풀이

큰일을 하려면 작은 생선을 굽듯이 해야 하니,

이런 마음으로 일을 마주한다면
귀신이라도 신통력을 부리지 못하고

40) 여기서 기귀(其鬼)는 인간의 영역을 넘어서는 기적을 행사하는 존재로, 비기귀(非其鬼)는 눈속임으로 신의 노릇을 하는 것으로 보이게 하는 술책으로 이해했습니다.

귀신 흉내내는 것들 또한 그러하며,
그 기운으로 남을 상하게 하지 않고
눈속임의 술수로도 또한 남에게 피해를 입히지 않을 것이다.

제대로 사는 이 또한 남을 다치게 하지 않으니
서로 다치게 하는 이 두 가지는
삶의 그윽함이 서로에게 미치는 길목이다.

이야기

어리석은 시대가 있었으니
아이나 힘없는 사람, 그리고 여자가 하는 일은
자질구레한 일이거나 쓸데없는 일이라는 생각이
한 시대의 중심이 되는 가치관이었던 때가 있었습니다.

그런 생각이 상식으로 자리잡기까지는
참으로 길고 오랜 역사가 그 배경에 있었습니다.
아직도 그런 생각에서 벗어나지 못한 이들이 적지 않지만
조금씩 변화하는 것을 보면 희망이 없지는 않습니다.

지금 내게 한 사람이 떠오릅니다.
문득 보고 싶기도 한 그 사람은
힘도 없어 남들이 허드렛일이라고 생각하는 일을 하는 사람으로

여자이기도 하고 거기다 나이까지 적지 않습니다.

그는 요양보호사로 일을 하고 있었는데
마침 그가 일하는 병원에 노사문제가 생겼고
병원 운영자와 용역회사, 그리고 자치단체의 관리·감독 부서가 하나가 되어
힘없는 요양보호사들의 노동주권과 인권을 짓밟을 때
그들과 적지 않은 시간을 함께 하던 어느 날 들은 이야기입니다.

그가 했던 말은 두고두고 내 가슴에
지워지지 않는 울림으로 남아 있습니다.
내가 목사라는 것을 알고 난 뒤에 나 들으라고
하느님이 어디 멀리 있는 게 아니라고 생각한다면서 한 그의 말,

"나는 내 손이 하느님이라고 생각합니다.
이 손으로 우리 식구들 먹을 밥을 지어 먹였고
지금도 이 손 움직여 일하는데
내 손끝에서 다른 사람들 행복이 나온다는 것을 보면
다른 하느님이 필요하지 않기 때문입니다."

길고 지루한 싸움 끝에 병원 운영자가 두 번이나 바뀌고
자치단체 주무부서도 한 발 뒤로 물러서고
노동자들 또한 적지 않은 양보를 하면서
겨우 다시 이름까지 바꿔가며 개원한 그 병원을 지날 때마다
나는 그렇게 말하던 늙은 여성노동자의 거친 손과

노동주권에 대한 분명한 자기 주장을 할 줄 알던 강단을 기억합니다.

손발 움직이는 이들이 그 시대의 중심인 세상,
큰 것이 중요하다고 하여 작은 것이 언제나 희생당하는 일이 없는 세상에 대한 희망을 버릴 수 없고
기적은 언제나 일하는 사람의 손끝에서만 나온다는 사실을 잊을 수 없습니다.

그리하여 작고 힘없는 이들의 보금자리의 이름이
'희망' 또는 '기쁨'인 세상,
그렇게 일하는 이들에게 행복 추구권이 보장된 사회,
그곳이 바로 德交歸焉(덕교귀언)의 세상입니다.

예순하나

크다는 것의 의미

글마루

大國者(대국자)는 下流(하류)라야 하니 天下之交(천하지교)요 天下之牝(천하지빈)이라, 牝(빈)은 常以靜勝牡(상이정승모)니 以靜爲下(이정위하)니라.

故(고)로 大國(대국)은 以下小國(이하소국)으로 則取小國(즉취소국)하고 小國(소국)은 以下大國(이하대국)으로 則取大國(즉취대국)이라.

故(고)로 或下以取(혹하이취)거나 或下而取(혹하이취)니 大國(대국)은 不過欲兼畜人(불과욕겸축인)이요 小國(소국)은 不過欲入事人(불과욕입사인)이니 夫兩者(부양자)는 各得其所欲(각득기소욕)이며 大者(대자)는 宜爲下(의위하)니라.

풀이

큰 것은 언제나 아래에 자리잡고 있어야 하니
거기가 모든 것이 모이는 자리이며
그래서 모든 것의 어미가 되는 것이다.

어미는 언제나 함없음으로 아비를 넘어서니
함없음으로 낮아지는 까닭이다.

그러므로 큰 것은 아래에 머묾으로 작은 것을 품는 것이고
작은 것은 큰 것을 그 바탕에 두었으므로
그 큰 것의 품 안에서 든든할 수 있는 것,

품거나 안기는 이 진리 안에서
큰 것은 사람을 품어 기르는 역할을 하고
작은 것은 스스로 큰 품 안에서 고마워하며 자라나는 것

이 둘은
서로 그 얻고자 하는 것을 더불어 얻는 일이니
큰 것이 마땅히 아래에 있어야 하는 법이다.

이야기

만일 큰 것이 힘을 제대로 쓸 줄 모른다면
그처럼 위험한 것이 없을 터이지만
큰 것이 저 있어야 할 자리가 어디이고
언제 어떻게 힘을 써야 하는지를 안다면
그처럼 든든한 것이 또 없을 것입니다.

그런데 힘이 있고 덩치가 큰 것이 언제나 큰 것이 아니라는 사실,
그래서 한자에서는 그냥 크기만 한 것을 大(대)라 하고

갖출 것 갖추어 제대로 큰 것은 德(덕)이라고 하는 모양입니다.

이 대목에서 전에 누군가에게 했던 말이 떠오릅니다.
그는 보통 윗자리에 있다고 하는 사람이었는데
그 곁에 달콤한 말 하는 사람만 두는 것 같아
보기에 안 좋았습니다.
마침 자리가 생겨 이야기할 기회가 있어서 말했습니다.

"윗자리에 있는 이가 꼭 기억할 것이 있소.
떡 들고 와서 웃는 적(敵)이 있고
삿대질하며 소리지르고 욕하는 그대 편이 있소.
누굴 가까이 둬야 하는지 살펴야 할 것이오."

범인의 사람 사귐도 신중해야 하지만
책임질 일 많은 자리에 있는 사람이 반드시 기억해야 할 것은
곁에 자신이 불편해하는,
또는 자신을 불편하게 하는 사람을 거느리는 것입니다.
그리하면 매사 더욱 신중하여
그의 일은 두고두고 부작용이 없을 것이니
그가 참으로 큰 사람 아니겠습니까.

이것을 가르치는 옛늙은이의 말씀,
듣고 또 들어도 그저 든든하기만 한
소중한 진리입니다.

예순둘

모든 것을 품어 안는 길

글마루

道者(도자)는 萬物之奧(만물지오)니 善人之寶(선인지보)요 不善人之所保(불선인지소보)니라.

美言(미언)은 可以市(가이시)하고 尊行(존행)은 可以加人(가이가인)이나 人之不善(인지불선)을 何棄之有(하기지유)하겠는가.

故(고)로 立天子[41](입천자)에는 置三公(치삼공)인데 雖有拱璧(수유공벽)을 以先駟馬(이선사마)라도 不如坐進此道(불여좌진차도)니라.

古之所以貴此道者何(고지소이귀차도자하)인가 不曰(불왈)로 以求得(이구득)이요 有罪(유죄)라도 以免邪(이면사)아니던가, 故(고)로 爲天下貴(위천하귀)니라.

풀이

道(도)라는 것은 모든 것의 가장 깊은 곳에 도사리고 있는 것으로

41) 天子(천자)는 당연히 '제왕', 또는 '황제'를 가리키는 말이지만 여기서는 지금까지 해 온 이야기의 흐름을 따라 '우두머리'라고 번역했고, 같은 맥락에서 그 다음에 나오는 三公(삼공) 역시 '참모'로 번역하게 되었음을 밝힙니다.

제대로 사는 이의 보물이요
그렇지 않은 사람에게도 지켜야 할 그 무엇이다.

귀에 듣기 좋은 말은 저자거리에서 통하지만
품격 있는 실천은 모든 이에게 두루 보탬이 되는 것
사람이 이에 못 미친다 하여 어찌 버릴 수 있겠는가.

그래서 우두머리를 세울 때는 참모 셋을 함께 두는 것
비록 받들어 올리는 보석이 큰 수레에 가득하더라도
가만히 앉아 이 가르침에 나아가는 것만 못하니

옛적에 이 가르침을 귀히 여긴 까닭이 무엇인가
말하지 않고도 구하는 것을 얻고
지은 죄도 면해 주기 때문이었는데
그러므로 세상 모든 것을 귀하다고 했던 것이다.

이야기

한때 논리학 관련 서적이 흔했던 적이 있는데
나는 그런 종류의 책을 읽은 일이 없습니다.
지금이라도 읽고는 싶은데 요즘은 그런 책이 드물고
혹시나 헌책방을 기웃거려 보기도 하지만
아직 마땅한 책을 못 찾고 있습니다.

그렇다 하더라도, 사전적 의미로서의 '논리'만 아는 입장에서도
이에 관해 이야기할 것이 전혀 없지는 않습니다.
그 첫째는 논리는 지능을 갖고 있는 인간이 지닌
아주 소중한 도구라는 점입니다.

그러나 이미 앞에서도 말한 것처럼
쓰임새가 큰 물건일수록 그것이 잘못된 데 쓰였을 때의 위험은
그만큼 더 커진다는 것을 염두에 두지 않을 수 없습니다.
아직도 우리의 하늘에 끼어 있는 이념 대립에 의한 색깔 논쟁이라는 검은 구름은
논리의 오류를 교묘하게 이용하여 조성한
조작된 여론의 결과와, 그 결과의 쓰레기들이 여론으로 형성된
아주 저급한 사회의 한 단면입니다.

그 꾸며진 여론이 부합한 현실은
몹쓸 것들에게는 이익이 되지만
대부분의 많은 이들에게는 재앙이라고 할 수밖에 없는
인격의 비틀림과 황폐함, 거기서 이어지는 인격 파괴는 말할 것도 없고
엄청난 재산상의 손실과 노동력의 침탈,
심한 경우에는 직접적인 생명권의 위협과
생존 자체가 짓밟히는 일까지 이어집니다.

그런 비인간화의 역사들이 여전히 우리 사회 안에 존재하면서
인간의 사고라고 하는 것을 다시 묻지 않을 수 없는

수없이 많은 상황들을 만들고 있다는 것이 여전히 우리의 과제입니다.

논리라고 하는 것이 사변(思辨)이나 상상력과 결합하는 것의 위험,
그리고 논리가 다시 논리를 만들어내는 다중논리의 위험을 거기서 봅니다.

논리가 과거 역사와 자신의 경험이나 지식에 대한 정리라면
그 논리는 구체적 실천으로 환원되어야 하고
그 구체적 실천이 다시 논리로 수렴되는
부드러운 순환구조를 가질 때에만 가치가 있다는 것은 물론입니다.

이익 앞에서 논리와 명분을 만들어내는 무리들은 설 자리가 없는 건강하고 조화로운 세계,
그래서 서로 경계하고 건강한 비판이 살아 있는 세계를 만들어야 한다는 그런 논리를 살펴야겠습니다.

결국 논리란 과거 자신의 삶에 대한 열매이고
지금부터 풀어낼 삶과 실천은
그 논리가 피워내는 송이송이 꽃이 될 때
비로소 미래로 향한 길이 환하게 열린다는 것,

그것을 바라보는 눈길이 곧 기도이고
구체적 현실이 되도록 실천하는 이가 구도자이니
그런 사람들이 사는 세상은 그 어디든
현재는 아름답고, 미래는 희망으로 가득할 수밖에 없습니다.

예순셋

어려운 일이 닥치거든

글마루

爲無爲(위무위)하고 事無事(사무사)하며 味無味(미무미)하며 大小多少(대소다소)하고 報怨以德(보원이덕)하며 圖難於其易(도난어기이)하고 爲大於其細(위대어기세)하라.

天下[42]難事(천하난사)도 必作於易(필작어이)하고 天下大事(천하대사)도 必作於細(필작어세)니 是以(시이)로 聖人(성인)은 終不爲大(종불위대)하여 故(고)로 能成其大(능성기대)니라.

夫(부)로 輕諾(경락)은 必寡信(필과신)하고 多易(다이)는 必多難(필다난)이니 是以(시이)로 聖人(성인)은 猶難之(유난지)하여 故(고)로 終無難矣(종무난의)니라.

풀이

하는 것은 함없음만으로 하고

42) 여기서 天下(천하)는 '아무리'로 해석을 하기로 합니다. 좀 더 풀이를 자세하게 한다면 '세상의 그 어떤 일이라 하더라도'가 될 터인데, 그러면 너무 번거롭다고 본 까닭입니다.

일없음만 일로 삼을 것이며
맛없음을 맛으로 누리며

큰 것을 작게 여기고
많은 것을 적게 여기며
원한은 덕으로 갚고
어려운 일은 쉬운 데서부터 풀며
큰일은 작은 데서부터 풀어야 한다.

아무리 어려운 일이라도 반드시 쉬운 데서 비롯되고
아무리 큰일이라도 사소한 데서 시작되니
따라서 제대로 사는 이는 큰일을 하려 하지 않아
마침내 그 큰일을 이룬다.

대체로 가벼운 대답은 미덥지 않고
쉬운 일만 좋아하면 반드시 어려운 일에 휘말리니
그러므로 제대로 사는 이는 어려운 일을 자신의 것으로 삼아
그러면 끝까지 어려움에 휘말릴 일이 없다.

이야기

내게 좋거나 유리한 것만 추구하는 것을
누구도 탓할 수는 없을 것입니다.

모든 살아있는 것들은 그런 방향으로 진화를 거듭하여 오늘에 이르렀고
그렇기 때문에 그 이기적 유전자가 언제나 우선 작동하는 것이
생명의 틀림없는 사실이기 때문입니다.

그러다 보니 어떤 것들은 몸에 가시를 만들거나
독을 장착하기도 하고
좀 순한 방법으로 보호색을 띠어
그것들을 생존의 전략으로 삼기도 합니다.

그러나 언제나 자기중심적으로, 자신의 이익만을 추구하며 산다면
결국 막다른 곳으로 몰릴 수밖에 없고
더욱이 단지 좋아 보이거나 유리하다고 판단되었기 때문에
제 것이 아닌데도 욕심을 부린다면
그로 인해 다른 생명이 피해를 입는 일이 생길 것이고
거기서 오는 갈등과 대립, 또는 다툼의 시작은
불행의 씨앗이 되어 사방으로 흩날리게 되는 것,

혹시라도 잘못된 판단으로 문제가 생겼을 때는
그것을 한 순간에 해결하려고 할 일이 아니라,
아주 작은 것, 또는 별 것 아니라고 생각되는 거기부터 시작하여
차근차근 풀어가는 것이 순서라는 겁니다.

사기꾼이 노리는 목표가 둘 있다고 하는데
그 하나는 남의 말에 쉽게 현혹되는 순진한 사람이고,
다른 하나는 몹시 절박하여

당장 땅에서 무엇인가 솟아나지 않으면 안 될
궁지에 놓인 사람이라고 합니다.

이런 저런 일을 벌이는 동안 생기고 쌓인 일들이
마침내 감당할 수 없는 무게로 다가올 때
복권에 기대를 거는 이들을 보는 일은 그리 드물지 않습니다만
애초에 복권에 당첨될 확률이라는 것이 거의 영(零)에 가까운데
절실한 이들에게 복권당첨의 가능성은
다시 그것의 수천만 분의 일이라는 것
결국 어려운 형편에 복권값만 또 날리게 되는 것이 일상입니다.

객관적 자리에서 보면 사소한 것인데
당사자의 감정이 작동하면 자신에게는 엄청 커 보이는 것 가운데 하나는
솔직, 또는 정직하게 자신의 과오를 인정하는 것,
그리고 다른 하나는 피해를 입은 이들에게 사과를 하는 것,
마지막 세 번째는 태도를 바꿔 그와 같은 일을 반복하지 않는 것입니다.

그리고도 덧붙일 것이 하나 더 있다면
다른 사람이 그런 짓을 하는 것을 막는 일에
자신의 경험을 활용하는 용기를 갖는 일,
쉽지는 않지만 그것이야말로 살면서 지녀야 할
참으로 크고 힘 있는
소중하기도 하고 아름답기도 한 도구라는 말입니다.

새해가 되면 언제나 흔히 듣게 되는 인사들 중

빠지지 않는 것 하나가 있습니다.
'언제나 좋은 일만 있기 바란다'는 건데
조금만 살아 본 사람이라면
사람이 살아가는 데 늘 좋은 일만 생기는 수는 없다는 것을
모르는 이는 아무도 없을 것입니다.

결국 그런 인사는 빈말임에 틀림없는데
그런데도 그런 인사를 들으면 기분이 좋은 까닭은
불리하거나 나쁜 일은 안 생겼으면 좋겠다는 생각이
그 밑바닥에 자리잡고 있기 때문일 것입니다.

정확하게 인사를 한다면
살다 보면 좋은 일도 있고 나쁜 일도 있을 수밖에 없는데
그 모든 일을 잘 소화시켜
더 나은 미래를 향해 나아가는
밑거름으로 쓸 줄 아는 사람이 되라는 게 옳을 터,

물론 이렇게 길게 새해 인사나 덕담을 한다면
듣는 이에게 산뜻하게 가 닿기에는 뭔가 부족할 수밖에 없겠으나
어쨌든 좋은 일이든 그렇지 않은 일이든
그걸 잘 소화시켜 자신이 헤쳐 나가야 할 앞길을 여는 데
소중한 열쇠로 쓸 줄 아는 사람이라면
그의 미래는 탄탄할 거라는 예측이 빗나가는 일은
거의 없을 겁니다.

예순넷

존재의 차원

글마루

其安易持(기안이지)하고 其未兆易謀(기미조이모)하며 其脆易泮(기취이반)하고 其未易散(기미이산)하며 爲之於未有(위지어미유)하고 治之於未亂(치지어미란)하라.

合抱之木(합포지목)도 生於毫末(생어호말)하고 九層之臺(구층지대)도 起於累土(기어누토)이며 千里之行(천리지행)도 始於足下(시어족하)니 爲者(위자)는 敗之(패지)요 執者(집자)는 失之(실지)니라.

是以(시이)로 聖人(성인)은 無爲(무위)하니 故(고)로 無敗(무패)하고 無執(무집)하니 故(고)로 無失(무실)이라.

民之從事(민지종사)는 常於幾成(상어기성)하여 而敗之(이패지)니 愼終如始(신종여시)면 則無敗事(즉무패사)라.

是以(시이)로 聖人(성인)은 欲不欲(욕불욕)으로 不貴難得之貨(불귀난득지화)하며 學不學(학불학)으로 復衆人之所過(복중인지소과)하며 以輔萬物之自然(이보만물지자연)으로 而不敢爲(이불감위)니라.

풀이

그 든든할 때 지키기 쉽고
조짐이 없을 때 도모하는 것이 쉬우며
여린 것은 쉬이 녹고
아직 일어나지 않은 일을 무산시키기는 원활하며
가능성[未有:미유]에서 일을 시작하고
어지러워지기 전에 미리 예방을 하는 것이 좋다.

아름드리 큰 나무도 털끝처럼 작은 데서 시작되고
아무리 높은 건물이라도 한줌 흙을 쌓는 것이 일의 시작이며
천리 길도 한 걸음부터니
덤벼 서두르면 일을 그르치고
억지로 끌어안으려 하면 놓치는 법이다.

그러므로 제대로 사는 이는 서둘러 덤비지도
억지로 붙잡으려고도 안 하니
놓칠 것이 없는 삶을 산다.

대부분 사람들은 일을 그렇게 하지 않고
먼저 이루려 덤비기 일쑤니
그러다가 일을 그르치게 되는데
일을 마치기까지 시작할 때처럼 갈 수만 있다면
그르치는 일은 없을 것이다.

그러므로 제대로 사는 이는 욕심을 부리지 않으니
따라서 얻기 어려운 보화를 제가 챙길 것으로 삼지 않으며
남이 배우려 하지 않는 것을 배워
다른 이들이 가치 없다고 여기는 것들에 눈길을 주며
모든 것들이 그러하듯 저 할 수 있는 자리에서 남을 돕되
무모하게 무엇인가를 하려고 덤비지 않는다.

이야기

우주의 역사는 약 137억 년이라고 하고
지구가 생긴 것은
그로부터도 어마어마한 시간이 지난 약 45억 년 전의 일이라고 하며
첫 생명체가 지구에 생겨난 것은
지구가 생겨난 다음 약 10억 년 후의 일이라고 합니다.

우주의 시작을 보통 초폭발(超暴發: BigBang)이라고 하는데
보통 대폭발(大暴發)로 많이 쓰는 이 말은
이 이론을 부정적으로 생각하는 학자가
약간의 비웃음을 담아 '그럼 그게 대폭발이냐' 고 물은 일로 비롯되었다고 합니다.

내가 굳이 '초폭발'이라고 표기하는 것은
그 폭발이라고 하는 것이 어마어마한 수준이나 규모의 폭발이 아니었

다는
크기는 거의 없고 기운(Energy)은 극대의 어떤 것,
즉, 물리학의 특수한 영역에서나 '점'이라고 겨우 말할 수 있는,
현실세계에서는 무시해도 전혀 문제가 없을 그것이
소리가 나는 듯 마는 듯 '톡' 하고 터진 일이라는 말을 들은 까닭입니다.

지구의 탄생 또한 태양의 자전에서 떨어져 나온 부스러기들이
중력에 의해 이리저리 모이면서 태양계의 행성들이 생겨나는
그런 우연의 산물이라는 것이 대략 학계의 이야기이고
보통 사람들이 생명체라고 부르는 것 또한
바다에서 아주 미세한 단백질의 합성이 일어난 것으로부터 시작되었다고 합니다.

그렇게 생겨난 우주의 한 부분인 우리 은하와
그 은하의 자리에서 보아도 아주 작은 한 부분인 태양계,
거기 살고 있는 존재가 우리들이라는 사실들을 한 묶음으로 볼 때
137억 년이나, 45억 년, 그리고 35억 년이라고 하는 시간의 길이는
모두가 우리의 입장에서 볼 때는, 거의 무한에 가까운 것으로
옛늙은이의 계산법에 따르면
그 모두를 '지금'이라고 말할 수도 있다는 사실입니다.

그렇게 살아가는 우리의 수명이 길어야 약 백 년 정도라는 것을 헤아리면
아등바등하며 살 일이 아니라
우주 질서 안에서 어떻게 살아가는 것이 옳은지를 물으며

존재의 매 순간 순간은 소중하게
곁에 있는 모든 것들을 존중하는 겸허함을 갖추는 것이
존재의 진실에 가까이 서 있는 사람이 되지 않을까 싶은 겁니다.

작고 유한한 삶을 살지만
그 안에 우주를 품고 살아간다는 생각을 할 때 떠오르는 성서의 한 구절
'세상이 감당하지 못할 사람'이라는 말이 어떤 뜻인지를
비로소 헤아릴 수도 있을 듯한데,

이 세상이 생겨난 것도, 그리고 내가 이 세상에 태어나
이처럼 놀라운 세상을 바라보는 것도,
모든 것이 그저 기적이라고밖에 말할 수 없으니
어디에 서서 무엇을 보고
무슨 일을 해야 하는지를 살피는 일에 게으른 것만한 어리석음도
이 세상에 그리 많지는 않을 것입니다.

넷째 마당

다시 나아갈 길을 살피며

산을 다니다 보면 구멍이 뚫린 큰 나무들이 눈에 띄곤 합니다.
가지가 잘리거나 부러져 나간 자리,
그러니까 그 상처가 아물면서 생긴 흉터라고 할 수 있을 터인데
그 구멍에 새들이 둥지를 틀기도 하고
야생벌들이 집으로 쓰기도 하는 걸 봅니다.

살면서 생긴 갖가지 마음의 상처
잘만 아물면
그것이 다른 이의 아픔이나 어려움을 담을 수 있는
품이 된다는 것을
거기서 확인하곤 합니다.

예순다섯

능력보다는 성실함이 먼저

글마루

古之(고지)에 善爲道者(선위도자)는 非以明民(비이명민)하고 將以愚之(장이우지)였노라.

民之難治(민지난치)는 以其智多(이기지다)니 故(고)로 以智治國(이지치국)은 國之敵(국지적)이요 不以智治國(불이지치국)은 國之福(국지복)이니 知此兩者(지차양자)면 亦稽式(역계식)이며 常知稽式(상지계식)이면 是爲玄德(시위현덕)이라.

玄德(현덕)은 深矣(심의)하고 遠矣(원의)하니 與物反矣(여물반의)하여 然後乃至大順(연후내지대순)이니라.

풀이

옛적 제대로 도를 따르는 일은
사람들을 똑똑하게 하는 것이 아니라
어리석게 하고자 했다.

일이 복잡하게 되는 것은 꾀를 많이 부릴 때이니
그런 것을 치켜세우면 상황이 불리하게 되고

똑똑함을 일처리의 수단으로 삼지 않으면
일의 결과가 아름답게 된다.

이 두 가지를 안다면 기본을 풍부하게 하는 일이며
바탕이 넉넉하게 되는 것을 일러
현묘한 덕이라고 하는데
현묘한 덕은 깊고도 넓어 그윽하기만 하니
많은 이들이 함께 하더라도 옳지 않으면 거스를 줄 알아
거기서 마침내 참된 길을 찾아내야 한다.

이야기

때때로 지식의 한계와 위험을 생각하곤 합니다.
시험을 잘 치르는 사람이 일을 잘 하느냐
또는 무엇인가를 많이 알아
노련하게 일처리를 할 줄 아는 사람이 훌륭한 기술자인가
이런 물음 앞에 긍정적인 대답을 선뜻 할 사람은
시험을 잘 보는 사람이나 많이 아는 사람 말고는
별로 없을 것입니다.

나는 '일'이라고 하는 것을 세 가지로 나눕니다.
하고 싶은 일과 해야 할 일
그리고 할 수 있는 일이 그 세 가지라는 건데

바람직한 것은 '할 수 있는 일'을 하는 것이고
그 바탕에는 일과 세계에 대한 성실성과 정직함이 놓여야 한다는 것,
그래야 일의 시작과 과정으로부터
그 결과까지 스스로 책임질 수 있다고 보는 까닭입니다.

유능한 사람보다 성실한 사람이 훨씬 중요하고
그렇기 때문에 능력에 앞서 고려해야 할 것은 그 사람의 성실함인데,
그것을 측정할 수 있는 도구를 찾지 못하니
그냥 유능한 사람을 골라내는 최소한의 장치인 시험을
객관적이고 공정한 측정도구라고 말할 수밖에 없는 한계를 넘어서는 것이
우리 시대가 당면한 큰 과제들 중 하나입니다.

무능한 사람이 일을 저지르면 그 파장이 아무리 크다고 해야
한 사회를 어지르지 못하지만
능력이 있는 사람의 됨됨이가 안 되어 그가 문제를 일으킨다면
한 시대나 사회를 송두리째 혼란과 고통으로 몰아넣을 수 있다는 사실은
우리가 살면서 적지 않게 보아온 일입니다.

더구나 그것이 제도나 규범으로 확정되어
모두가 따라야 할 것이라고 한다 하더라도
그것의 문제점이나 한계, 또는 모순을 지적할 사람이 없다면
그 사회의 발전을 기대하기는 어려울 것입니다.

우리 사회가 그래도 이만큼 돌아갈 수 있는 것은

착하며 성실하고 손해를 보더라도 정직하며 열심히 살아가는 사람들이
몹쓸 짓을 일삼으며 그것을 삶의 방식으로 삼는 사람들보다는
압도적으로 많기 때문입니다.

그리고 현실에 대한 무비판적 적응이나 순응이 아니라
문제 앞에서 용기를 잃지 않고 맞선 이들이 있었다는,
바로 그 이유 때문이라는 것을 헤아리면
그래도 안심이 되어
잠들 때에 '내일은 오늘보다 더 나은 세상이 열릴 것'이라는
그 기대를 품어 든든할 수 있습니다.

예순여섯

도무지 다투지 않는 길이야말로

글마루

江海(강해)가 所以能爲百谷王者(소이능위백곡왕자)는 以其善下之(이기선하지)니 故(고)로 能爲百谷王(능위백곡왕)이니라.

是以(시이)로 欲上民(욕상민)이면 必以言下之(필이언하지)하고 欲先民(욕선민)이면 必以身後之(필이신후지)니 是以(시이)로 聖人(성인)은 處上而(처상이)나 民不重(민부중)하고 處前而(처전이)나 民不害(민불해)하느니라.

是以(시이)로 天下(천하)가 樂推而(낙추이)나 不厭(불염)하니 以其不爭(이기부쟁)이요 故(고)로 天下(천하)가 莫能與之爭(막능여지쟁)이니라.

풀이

강과 바다가 그처럼
모든 작은 물들의 임금이라고 할 수 있는 것은
늘 아래에 머물기를 잘 하는 까닭이니
그러므로 넉넉히 모든 작은 시내와 개울들의 임금이 될 수 있는 것이다.

이처럼 남의 위에 서게 되면

늘 자신이 낮은 자리에 있어야 한다는 것을 스스로 확인하며 말해야 하고
남의 앞에 나서게 될 때면
반드시 제 몸의 일은 뒤로 해야 하는 것,

그러므로 제대로 사는 이는
위에 있다고 하여 아래 있는 사람이 버거워하지 않고
앞에 있다고 하여 뒤에 있는 사람에게 해가 되지 않으니

그러면 온 세상이 즐겨 그를 추천함에도 거리낌이 전혀 없을 터인데
그것은 다투지 않는 까닭,
그러므로 온 세상 그 누구라도 그와 다투려 하는 이가 없을 것이다.

이야기

밥을 먹습니다.
이것은 누군가, 또는 무엇인가의 희생을 전제로 합니다.
비록 그렇기는 하지만
그것이 다른 누군가, 또는 무엇인가를 이긴 결과는 아닙니다.

봄이 열립니다.
이것은 겨울이 물러간 것임에는 틀림없지만
그렇다고 해서 봄이 겨울을 이긴 것이 아닙니다.

흐르는 물을 가만히 지켜봅니다.
누구의 눈치도 보지 않고
누가 뭐라고 하거나 그저 제 길로만 갑니다.

그렇게 흐르는 물을 오래도록 지켜보다 보면
물이 흐르는 것인지 내가 흐르는 것인지,
때로는 세상 모든 것이 빙글빙글 돌아가는 것 같은
분간이 잘 안 되는 착각에 빠지기도 합니다.

내가 흘러가는 물을 보고 있다는 자각의 순간 떠오른 말,
'저렇게 흘러간다는 것이 자신의 길을 사랑한다는 것이구나.'
절로 입안에 고이는 그 말을
오래 오래 우물거리며 새김질을 하는 동안

내 입에 들어와 내가 되던 그 밥의 이름이며
겨울 물러간 자리에 피어오르는 봄이며
아침이면 떠오르는 해,
부는 바람,
하늘에 갖가지 그림을 그리는 구름,
밤이면 어두운 하늘에 가득한 별까지…….

그 모든 것의 이름이 바로
사랑이라는 것을 알아차립니다.
그 사랑이 하나를 낳고

하나가 사랑을 하니 둘이 되고
둘이 어우러져 기뻐하다가 셋이, 넷이, 다섯이…….
그리하여 모든 것이 어우러지는 생명의 신비!

온 세상의 모든 것을 하나로 잇는
그 모든 것을 한데 묶은 것에도
굳이 이름을 붙인다면
오직 사랑
입니다.

예순일곱

오직 자기 자신으로 존재하는

글마루

天下(천하)가 皆謂我道(개위아도)는 大似不肖[43](대사불초)라. 夫唯大(부유대)니 故(고)로 似不肖(사불초)니 若肖(약초)면 久矣其細也夫(구의기세야부)니라.

我有三寶(아유삼보)하니 持而保之(지이보지)니 一曰慈(일왈자)요 二曰儉(이왈검)이요 三曰不敢爲天下先(삼왈불감위천하선)인데 慈故能勇(자고능용)이요 儉故能廣(검고능광)하고 不敢爲天下先故(불감위천하선고)로 能成器長(능성기장)이니라.

今(금)에 舍慈且勇(사자차용)하고 舍儉且廣(사검차광)하며 舍後且先(사후차선)하니 死矣(사의)니라.

夫慈(부자)로 以戰則勝(이전즉승)이요 以守則固(이수즉고)라, 天將救之(천장구지)도 以慈衛之(이자위지)니라.

풀이

뭇 사람들이 다 이르기를

43) 여기서 肖(초)는 '가르친 이를 그대로 답습하는 모방의 수준'을 말합니다.

내 가르침은 큰 것 같지만 옛것을 따르지는 않는다고 한다.
무릇 크기 때문에 옛것을 뛰어넘는데
옛것을 따르기만 한다면 든든하기는 하지만
고작 닮기만 하여 자질구레해질 수밖에 없다.

나는 세 가지 재산을 지니고 있어
그것을 잘 지키고 돌보기에 힘쓰는데
그 하나는 따사로움이요
다음은 아낌이고
마지막은 어느 자리에서건 앞에 서려고 하지 않는 것이다.

사랑하기 때문에 힘이 넘칠 수 있고
아끼기 때문에 넓을 수 있으며
무엇에도 앞서려 하지 않음으로
오래 보존될 그릇을 이룰 수 있는 것이다.

요즘 보면
사랑하기를 거절하면서 힘이 넘치게 살려 하고
아끼는 마음은 기르지 않고 제 영역을 넓히려고만 하며
뒤에 서기를 불편해하면서 앞에만 서려고 하니
위험한 노릇이다.

대체로 앞의 세 재산을 무기로 하여 나간다면
싸우면 이기고 지키면 든든해지니
하늘이 무엇인가를 할 때에도 바로 이것을 무기로 삼는다.

이야기

어느 마을에 큰 부자가 어려운 이들을 돕기도 하면서 살고 있었습니다.
많은 이들이 그 부자에게 잘 보이려고 애쓰는 것은 당연한 일이었고
그런대로 마을은 평화로웠으며
큰 문제가 없이 돌아가는 듯 보였습니다.

그 마을에 오랫동안 책이나 읽으면서
별다른 욕심도 없이 살아가는 것처럼 보이는 노인이 하나 있었습니다.
다른 사람들은 거의 모두가 부자에게 고분고분한데
이 노인은 언제나 한결같이 부자는 거들떠보지도 않았습니다.

내심 부자는 노인이 눈에 거슬렸지만
그렇다고 특별히 자신에게 잘못하는 것도 없으니
뭐라고 할 수도 없는 노릇,
그저 서로 소 닭 보듯, 닭 개 보듯 지내고 있었습니다.

그러던 어느 날 마침 마을에 큰 잔치가 벌어졌고
그 자리에는 거의 모든 마을 사람들이 다 모였으며
다른 곳에서 손님도 와서 그 잔치에 함께하고 있었는데
당연히 노인과 부자도 그 자리에 있었습니다.

잔치가 한창 무르익을 무렵에는 부자를 비롯하여

거기 있던 대부분의 사람들이 얼근하게 취해 있었는데
마침 서로 마주 보고 앉게 된 노인과 부자,
술김에 부자가 속에 있는 말을 꺼내기 시작했습니다.

"부자와 가난한 사람이 한 마을에 살게 되면
그 중 도움을 받는 것은 어느 쪽입니까?"
노인은 빙그레 웃었습니다. 그리고 입을 열어
"당연한 것 아니겠소?"
부자는 속으로 '됐다, 이제는 노인이 나를 인정하는 말을 하겠구나' 하며
다음 말을 기다렸습니다.

숨 한번 고른 노인은 다음 말을 했습니다.
"그대가 이 마을에서 가장 큰 부자인 것은 틀림없고,
다른 모든 사람들은 가난하오.
그대는 마을 사람들에게 어려움이 닥쳤을 때
외면하지 않고 도움을 주기도 한다고 듣고 있는데
참 장한 일이오.
대부분의 가진 사람들이 그렇게 하지 못하기 때문이오."

많은 이들이 노인의 말에 귀를 기울이기 시작했고
노인은 말을 이었습니다.
"그런데 말이오.
그대가 나한테 부자와 가난한 사람이 어울려 살 때
도움을 받는 것은 어느 쪽이냐고 물었는데
그것은 그대가 잘 알다시피 당연히 부자요."

‘당연히’라는 말이 나올 때까지만 하더라도 부자는
‘가난한 사람’이라는 말로 이어질 줄 알았는데
자기가 도움을 받는 쪽이라는 말에 혼란에 빠지고 말았습니다.
사람들도 여기저기서 웅성거리기 시작했는데
그러거나 말거나 노인의 말이 이어졌습니다.

“그대는 뭔가 크게 오해를 하고 있는 모양인데
저기 있는 저 가난한 사람들이 없었다면
아무리 그대가 부지런하고 검소하며
재산을 모으는 데 남보다 뛰어난 재주가 있다 하더라도
어찌 그만한 재산을 모을 수 있었겠소?
내가 보기에는 그대는 저 사람들이 어려울 때 조금씩 도왔지만
실제로는 그대가 가진 재산 이상의 빚을
저 사람들에게 지고 있소, 틀림없이!
그러니 저 사람들이 어려울 때 조금씩 도운 그대가 착한 사람이오,
아니면 자신들이 채권자이면서도 빚에 대해서는 조금도 생각하지 않는
저 사람들이 착한 사람이오?”

부자는 얼굴이 붉어졌고,
말을 마친 노인은 일어나 다른 자리로 가 버렸습니다.
잔치는 그럭저럭 끝이 났는데
그 다음 날 희한한 일이 벌어졌습니다.

부자가 제 재산을 몽땅 챙겨서 그 밤중에 어디론가 사라지고 만 겁니다.

이유를 아는 이는 아무도 없는 듯 했습니다.
그런데 부자가 그렇게 사라지고 난 다음
마을에 이상하게도 활기가 넘치기 시작했습니다.

누구도 어디 가서 아부할 필요가 없고
부자네 아이들에게 주눅들어 지내던
아이들의 얼굴이 밝아지기 시작했으며
마을 사람들 중 어느 한 사람이 어려움에 빠지면
모두가 자기 일처럼 팔 걷고 나서는 겁니다.

오랜 시간이 지나 노인이 죽었을 때
마을 사람들이 찾아와 그 주검 앞에 무릎을 꿇었습니다.
그들은 가족이라고는 없는 노인을 장사지냈고
그의 묘비에 이렇게 썼습니다.

"우리 마을에 평화의 씨앗을 뿌린 사람"

금과 은 같은 보석이나 돈을 많이 갖고 있는 것이 부자라는 생각은
사람들이 흔히 빠지게 되는 존재와 삶에 대한 오해입니다.
이미 우리 모두는 태어날 때
어마어마한 재산을 지니고 이 세상에 왔습니다.

신은 우리를 불모지를 걸어가는 탐험가로 보낸 것이 아니라
모든 행복의 재료를 충분히 준비해 놓은 다음
거기를 걸어가면서 그 모든 재료를 가지고

자기의 삶을 요리하는 나그네로 보냈기 때문입니다.

재물로 행복을 누릴 수 있다는 생각은
완제품 행복이 있어서 그걸 찾으려고 다니는 짓과 딱 맞닿아 있는데
이 세상에 그런 완제품 행복이란 없으니
하늘과 땅 가득하게 준비되어 있는 재료를
찾고 다듬을 줄 아는 솜씨를 갖추는 것

모두가 오롯이 자기 자신으로 지금에 충실하며 살아가는
바로 거기서 개인의 행복과 사회의 평화가 시작된다는 것,
잊지 말아야 할 일입니다.

예순여덟

아, 배천(配天)!

글마루

善爲士者(선위사자)는 不武(불무)하고 善戰者(선전자)는 不怒(불노)하며 善勝敵者(선승적자)는 不與(불여)하고 善用人者(선용인자)는 爲之下(위지하)하니 是謂不爭之德(시위부쟁지덕)이요 是謂用人之力(시위용인지력)이라.

是謂配天[44](시위배천)이니 古之極(고지극)이니라.

풀이

제대로 된 장수는 무력을 쓰지 않고
제대로 싸우는 이는 성내지 않으며
제대로 적을 이기는 이는 더불어 싸우지 않고
제대로 사람을 쓰는 이는 늘 아래에 머무니
이를 일러 다투지 않는 됨됨이요

---

44) 配(배)라는 말의 뜻을 어렸을 때 마을의 글을 하는 어른에게 '저울 이쪽과 저쪽에 어떤 것을 올려놓았을 때 어느 쪽으로도 기울어지지 않는 것을 가리킨다'고 들었습니다. 이 때 天(천)은 단지 '하늘'이라고 옮기는 것보다는 훌륭한 가르침의 뜻을 최대로 확장한 의미로서 '우주'라고 읽는 것이 옳다는 것이 내 생각입니다.

또한 사람을 쓸 줄 아는 힘이라 한다.

이를 일러 하늘의 배필이라 하는데
옛 가르침의 궁극이다.

이야기

도덕경을 처음 만나게 되어 공부를 시작했을 때
그 따뜻하고 부드러우면서도 넉넉함에 빠져들었는데
그러다가 '配天(배천)'이라는 말을 본 순간
숨이 멎는 것 같은 신선하면서도 맛 깊은 충격에 빠진 일이 있고
그 감동은 지금도 여전히 내 안에서 꿈틀거립니다.

우주의 배필이라니
그 아름다운 말을 어디에 견줄 수 있을까 싶었던 겁니다.
'네 존재의 무게가 말이야.
저울 한 쪽에 우주를 올려놓고, 그 맞은편에 네가 올라앉았을 때
저울대가 어느 한 쪽으로 기울어지지 않는
바로 그거란 말이야.'

나는 그때 바로 알아들었습니다.
일차적으로는 옛늙은이가 말할 때
그 무릎 언저리에서 듣고 있던 사람이 그렇다는 말이고

그 다음으로는 그렇게 전해진
그 가르침을 따르기로 한 사람이 또한 그러한데
내가 그때 옛늙은이가 말하는 그 자리에
앉아 있었던 것 같은 환상에 빠져들었던 겁니다.

그리고 이어서 알게 된 것은
옛늙은이는 모든 존재하는 것이 지니고 있는
존재의 가치와 무게를 그렇게 바라보고
그에 어울리는 대접을 할 줄 알았다는 것이고
그리고 옛늙은이를 안다는 모든 사람이
또한 그렇게 살지 않으면 안 된다는 것까지 헤아리는 데는
많은 시간이 걸릴 필요가 없었습니다.

비록 잠깐 살다 가는 것처럼 보이는 하루살이거나
사람들이 미물(微物)이라고 하는
눈에 잘 띄지도 않는 작고 보잘것없다고 여기는 것들이거나
또는 나와는 아무 상관도 없는 것처럼 보이는 것들 또한 그렇다고 하니

이 配天(배천)이라는 말을
불교식으로 번역하면
'만물 안에 불성이 깃들어 있다'는 것이 될 것이고
기독교적으로 번역을 한다면
'한 생명이 천하보다 귀하다'고 할 수 있을 것입니다.

이 가르침을 새겨 들은 뒤부터 나는

'해충(害蟲)'이라는 말과 '잡초(雜草)'라는 말을 거의 안 쓰며 살고 있는데
이 세상에 그런 것은 없고
오직 그런 말을 하는 사람의 입,
그런 생각을 품고 있는 그 사람의 됨됨이뿐이라는 것을 알았기 때문입니다.

그 약한 것을 소중히 여겨 우러르고
그 여린 것을 존중할 줄 알아야 한다고 스스로 다짐하기를 수 없이 거듭하는데
아직 내 모자란 됨됨이로 가 닿기에는 길이 멀지만
적어도 머리로는 알고 있으니

숨 접고 흙으로 돌아가기 전에
단 한 순간이라도 그 품성이
내 가슴에 돋을새김으로 남을 수 있었으면 좋겠다는
한 가닥 바람은 내려놓지 않고 있다는 데까지는
말할 수 있을 것 같습니다.

예순아홉

업신여김에서 존경까지의 거리

글마루

用兵(용병)에 有言(유언)이니 吾(오)는 不敢爲主而爲客(불감위주이위객)하고 不敢進寸而退尺(불감진촌이퇴척)하리니 是謂(시위)는 行無行(행무행)이요 攘無臂(양무비)이며 扔無敵(잉무적)이요 執無兵(집무병)이니라.

禍(화)는 莫大於輕敵[45](막대어경적)이니 輕敵(경적)은 幾傷吾寶(기상오보)니라.

故(고)로 抗兵相加(항병상가)에는 哀者(애자)가 勝矣(승의)니라.

풀이

병법에 있는 말처럼
나는 감히 주인이 되려 하지 않고 오히려 나그네가 되려 하며
감히 한 치를 나아가기보다는 한 자를 물러서려 하니
이는 억지로 일 만들지 않음을 일의 중심으로 삼고

45) 敵(적)은 보통 '적'이나 '원수'라고 볼 수 있지만, 다툼이나 싸움을 좋지 않게 보는 가르침을 따라서 '눈에 보이는 모든 대상'으로 옮기기로 합니다.

팔 걷어 휘두르기를 거절하며
무슨 일에든 함부로 덤비지 않고
도구를 쓰는 데 신중해야 함을 말한다.

남을 가볍게 여기는 것보다 큰 화가 없으니
남을 가볍게 여기는 것은 자신의 보물을 상하게 하는 짓,

그러므로 다툴 일이 생겼을 때는
그것을 서글프게 보는 데서 이기는 길이 열린다.

이야기

오래 전에 본, 언뜻 보면 별 것 아닌 것 같은
세 가지 일을 이야기할까 합니다.

그 첫째는 거미의 피곤함입니다.
화장실에 앉아 똥을 누는 중이었는데
마침 문을 열어놓고 앉아 있을 때의 일었습니다.
무심코 바깥을 내다보고 있는데
천정에서 작은 거미 한 마리가 줄을 타고 거실 바닥을 향해 내려오고 있었습니다.

거미는 주욱 한 순간에 내려와 바닥에 깔린 양탄자에 도착했고

내려와 그 닿은 곳에서
사람 걸음으로 한 발짝 정도를 이동하여 무엇인가를 하더니
다시 그 처음 내려왔던 곳으로 돌아와서는
저 있던 자리로 역시 내려올 때 타고 왔을 제 줄을 타고 오르기 시작했습니다.

물론 나는 거미줄까지는 볼 수 없었지만
그게 거미줄을 타고 올라간다는 것은 알 수 있었는데
그렇게 타고 올라가면서
천정에 닿기까지 세 번이나 멈추어 가만히 있다가 다시 오르는 겁니다.

그때 알아차린 것,
'아하, 그렇게 가벼워보이는 거미도 줄을 타고 올라가는 일이 힘든 거구나.'

두 번째는 낚시를 가서 본 바쁜 잠자리들입니다.

맑은 늦여름이었습니다.
낚시 중에 마침 고기도 잘 안 나오고 하여
모래밭에 등을 대고 누워 푸른 하늘을 올려다보고 있었는데
눈 가까운 하늘에 수많은 잠자리들이 날아다니고 있었습니다.

가만히 보는 동안 어느 한 마리가 낚싯대 끝 가까운 곳에 내려앉다가
낚싯대의 휨새 때문에 불편해하면서 중심을 잡으려 애를 쓰고
그래서 마침내 안정이 되자 길지 않은 시간 거기 앉아 있다가

다시 날아오르는 것이었습니다.

다른 잠자리도 그러기를 거듭하곤 했는데
그렇게 하늘을 날아다니는 잠자리들을 보는 동안
그들이 엄청나게 바쁘다는 것을 보았습니다.

많지 않은 먹이를 잡아먹느라 다른 잠자리들과 경쟁을 하지 않으면 안 되었고
짧아지기 시작하는 낮 시간을 그렇게 충분히 먹을 것을 먹어 몸에 힘을 채우고
짝 찾아 때늦기 전에 다음 세대를 준비하는 짝짓기도 해야 하며
그러는 동안 역시 하늘을 돌아다니는 새들로부터 쫓기기도 하고
때로 그 새들에게 잡아먹히기도 하는 것들이 눈에 들어온 겁니다.

그렇게 짧지 않은 시간 잠자리들을 보는 동안 입 안에 고이던 말,
'누가 잠자리들을 보고 한가하다고 하는가?'

세 번째는 늦은 나이에 알아차린 오동나무 꽃의 향기입니다.

앞의 두 사실을 본 것과 거의 비슷한 시기의 일입니다.
본디 산을 좋아하는 나는
틈이 나면 가까이에 있는 산을 돌아다니곤 했는데
오월의 어느 오후, 어딘가를 다녀오다가
마침 시간이 조금 여유가 있어서 길가에서 조금만 가면 오를 수 있는
작은 산엘 간 일이 있었습니다.

산길을 접어들어 얼마 걷지 않아
코 깊숙한 곳까지 묵직하게 밀려들어오는
그때까지는 몰랐던 향기를 맡게 된 겁니다.
그게 어디서 나는 냄새인지를 알아차리는 데는
그리 오랜 시간이 필요하지는 않았습니다.

마침 길 아래쪽에 오동나무 서너 그루가 자라고 있었고
두리번거리는 내 눈에
연한 보라색 꽃들이 들어왔습니다.
나무 밑에 떨어져 있는 꽃들도 있었는데
그 중 하나를 주워 코에 가까이 대니
좀 전보다 훨씬 진한 향기가 이내 온몸을 가득 채우는 겁니다.

그 때의 내 나이가 정확하게 쉰세 살이었던 것을 기억하는 것은
냄새를 맡고 속엣말로 중얼거린 게 있기 때문입니다.
'오동꽃 향기를 몰랐으니 나는 이제껏 태어난 사람이 아니었다.
내 나이 지금 쉰셋이지만 오동꽃 향기에 대해서는 이제 한 살이구나.'

업신여긴다는 것은 모른다는 것이고
알아차림은 비로소 그것에 대해 알기 시작했다는 건데
둘 차이의 거리는 때로 영원에서 영원까지일 수도 있음을 생각하니
나만 바쁘고, 나만 힘들고, 나 혼자만 살아간다고 생각하는 것이야말로
행복으로부터 멀어지는 것은 아니겠는가 싶은 겁니다.

일흔

홀로 있어도 외롭지 않으니

글마루

吾言(오언)은 甚易知(심이지)하고 甚易行(심이행)하나 天下(천하)가 莫能知(막능지)하고 莫能行(막능행)이라.

言(언)은 有宗(유종)하고 事(사)는 有君(유군)이나 夫唯無知(부유무지)니 是以(시이)로 不我知(불아지)니라.

知我者(지아자)는 希(희)요 則我者(칙아자)는 貴(귀)하니 是以(시이)로 聖人(성인)은 被褐(피갈)에 懷玉(회옥)이니라.

풀이

내 말은 알기도 쉽고 실천하기도 쉽지만
누구도 알려고도 행하려고도 하지 않는다.

가르침에는 뿌리가 있고 그 실천에도 근거가 있으나
도무지 알려 하지 않으니
그렇기 때문에 나를 알 수 없다.

나를 아는 이가 거의 없고
나를 따르는 이 또한 드무니

이 까닭으로 제대로 사는 이는
거친 베옷을 입었으나 귀한 보물을 품고 있는 것이다.

이야기

이고, 지고, 안고 간다면
결코 멀리 갈 수 없습니다.
그런데도 그 모든 짐을 하나도 포기할 수 없는 까닭은
불안하기 때문일 것입니다.

소중하다고 생각하여 애써 무거운 물건까지도 지고 나섰는데
지칠 무렵 잠시 쉬려고 걸음 멈춘 자리에
그토록 소중하다고 생각해서 짐으로 지고 있던 바로 그 물건보다
훨씬 더 좋은 것이 눈앞에 가득할 때의 당황스러움은 이루 말할 수 없으니
그래서 배워야 할 것이 덜고, 비우고, 내려놓는 일이라는 겁니다.

제 창고에 무엇인가를 많이 쌓으려 하지도 않고
남보다 앞서려고도 않으며
일을 하고 그에 대한 보상 같은 것에 관심도 없고

다른 사람보다 돋보이려고 할 필요도 없으며
누군가를 이기려고도, 속이려고도 하지 않는다면
그보다 더 쉬운 삶이 없다는 걸 모르는 사람은 그리 많지 않을 겁니다.

사실 그 모든 것들은 사람의 겉을 치장하는 일인데
참으로 알 수 없는 노릇이 하나 있으니
겉치레를 하면 할수록 내적인 굶주림에 시달리게 된다는 겁니다.

그것을 해소하려는 두 가지 방법이
하나는 더 많은 것을 쌓고 꾸미는 일이고
다른 하나는 자신이 가진 것을 못 가진 사람 앞에서 으스대며
그 못 가진 사람들을 업신여기는 것입니다.
거기서 허기에 갈증까지 보태어져
혼자 있을 때는 무엇에 시달리는지도 모르지만
끊임없이 밀려드는 괴로움이라는 이름의 자기파괴 현상에서
결코 벗어날 수 없는 존재의 공황상태에 빠진다는 사실.

거기다가 쌓고, 채우고, 남을 앞지르고, 이기면서 얻은
그 모든 것을 지키느라 거듭되는 피곤까지 겹치면
공황상태는 스스로 어쩔 수 없는 상태에 이르게 됩니다.

안을 채우면서 겉을 가꾸는 일은 줄이고 또 내려놓을 때
비로소 빛깔 곱고 향기 그윽한 꽃이 된다는 것,
나비나 매미가 화려한 옷을 갈아입을 때는
몸무게가 애벌레 때보다 훨씬 가벼워진다는 사실을 눈여겨볼 필요가

있습니다.

허름한 옷 입고, 눈에 얼른 띄지 않는 행색을 하여
아무도 눈길 주는 이가 없더라도
눈은 부드러우면서도 빛이 나고
말없는 웃음이 다른 사람을 편안하게 하는
被褐懷玉(피갈회옥)의 삶이야말로
그보다 더 쉬울 수가 없는데도

길에 나서 보면 그런 참사람이 드문데
그럼에도 전혀 외롭지 않게 걸어간
큰 어른의 발자국을 따라 걷는 길에서 얻는 즐거움과 행복은
그 무엇과도 바꿀 수 없을 터,

허름한 옷을 입고도
그 안에는 보물을 품어 눈빛이 고운 늙은이가
지금 저렇게 우리 앞을 몸 가볍게 휘적휘적 걸어가고 있습니다.

일흔하나

소크라테스와 옛늙은이, 그리고…

글마루

知不知(지부지)는 上[46](상)이요 不知知(부지지)는 病(병)이라. 夫唯病病(부유병병)이면 是以不病(시이불병)이니라. 聖人不病(성인불병)은 以其病病(이기병병)이니 是以不病(시이불병)이니라.

풀이

모른다는 것을 알면 그보다 더 좋은 일이 없고
알아야 할 것을 모르는 것은
이만저만한 근심거리가 아니다.

모름지기 병을 병으로 안다면
그것은 병이라 할 수 없으니
병을 병이라고 읽는 그 순간부터

46) 여기서는 上(상)을 '그보다 더 좋은 것이 없다'고 번역을 하기로 합니다.

그 병이 할 수 있는 일이 없는 것이다.

이야기

철학을 하는 이들이 들으면 어리석다고 웃을 일이지만
내가 보기에 늘 안타까운 것은
인류의 큰 재산인 소크라테스 철학의 큰 가르침을
플라톤이라는 교사가 물려받아
거기서 서양철학으로 전개되어 온 일입니다.

그들의 큰 스승은 그야말로 철학자로
인류의 지혜를 묻고 또 묻는 큰 샘을 팠는데
이후 철학자라고 하기보다는 철학 교사라고 할 수 있는 이들이
자꾸만 안다고 말하고 규정하는 과정이
서양철학사의 큰 줄기를 이루고 있다고 보는 까닭입니다.

그래서 소크라테스라는 샘에서 퍼 올려 흐르던 물줄기가
플라톤으로 건너오면서 오히려 샘에서보다 줄어들고
아리스토텔레스에게서 다시 잦아들다가
결국 중세로 접어들면서 스토아학파인지 뭔지 하는 이름으로 남기 시작하더니
신학 논리에 흡수되어 제 구실을 전혀 못한 게 아닌가 싶은 겁니다.

근세로 넘어와서 제자리를 찾는 듯했지만
다시 논리와 사변의 극단을 향해 달렸고
과정철학에서 반짝 철학적 시도가 이루어진다는 가능성이 보였지만
결국 복잡함과 난해함의 극치인 해체론에까지 이른 게 아닌가 싶습니다.

그 철학의 기반이 탁월함에 대한 숭상,
이후 석구 세계를 중심으로 여타의 문화를 미래로 이해한 독선이
모두 이 철학과 무관하지 않은데
'잘난 것, 좋은 것 아니니 추켜세우지 마라'는 옛늙은이의 말은
어찌 보아도 그윽하기만 합니다.

철학은 답을 내는 학문이 아니라
끊임없이 묻는 학문이라는 것이 잘은 모르지만 내 생각이고
그렇다면 결국 아리스토텔레스에서부터
철학에서 자연과학과 논리학으로 휘거나 구부러지면서
길을 놓친 것으로 보입니다.

아주 조금 아는 이들은 자신이 안다고 말하고
무엇인가를 볼 줄 알게 되면서부터는
모르는 것투성이인 것이 삶이고 세상이라는 사실은
조금만 생각하면 알 수 있습니다.

아는 것 이야기를 하다가 질병의 이야기로 끝을 낸
옛늙은이의 가르침이 무엇인지를 이제 조금 더 알 듯도 싶은데
본문에 병(病)에 대한 언급이 있으니

잠깐 짚고 갈까 합니다.

많은 이들이 몸이 아프면 무조건 병이라고 생각하는 것 같습니다.
그러나 엄밀하게 말하면 病(병)이라고 말하는 것은
현재의 아픔이 몸을 망가뜨리는 쪽으로 진행될 때의 상태라고 보는 게
더 정확하지 않을까 싶습니다.

통증이라고 말하는 아픔은
몸의 불균형으로부터 오는 것,
그렇기 때문에 어린 아이들의 덜 자란 오장육부가 자라느라고 겪는
열을 동반하는 통증이라든가
몸의 조직이 자라면서 균형을 맞추기 위해 생기는 성장통과 같은 것들은
병의 범주에 넣으면 안 될 것 같습니다.

특히 병에 대한 하나의 오해는
그것을 얼른 고칠 수 있다고 생각한다는 점입니다.
병이라는 것이 하나의 증상으로 나타나기까지는
적지 않은 기간이 있었다는 것이고
그동안 몸은 내 안에 이런 저런 부조화로 불편하고 힘들다고
수없이 이야기를 하지만
우리는 그 어디서도 몸의 언어를 배울 기회를 갖지 못하고 있습니다.

그러다 보니 계속해서 불편과 부조화가 이어지다가
마침내 통증으로 나타나는 건데
그걸 약 몇 봉지나 주사 몇 번으로 해결할 수 있다고 생각하면

아무리 몸을 모른다 하더라도
위험한 오해라는 생각을 버릴 수 없습니다.

병이 생기게 되는 부조화와 불균형을 해소하기,
쉬운 일은 아니지만 걸음걸이 고치고 등 곧게 펴려는 끊임없는 시도,
그리고 어떤 것이 내 몸에 맞는 음식인지를 살피는 일,
병을 병으로 읽어낼 줄 아는 눈이 바로 그런 게 아닌가 싶은데
결국 본문의 이야기는 인식론적 불균형과 몸의 불균형을
어떻게 해소할지를 생각하게 하는 하나의 숙제입니다.

몸에 병이 생기면 그 일차적인 책임이 자신에게 있다는 건데
모든 것을 의사에게 맡기려고 하는 것은
책임의 회피라는 사실을 말하는 것이 바로
'병을 병으로 바라볼 줄 안다'는 말을
간단하게 病病(병병)이라고 말하고
'거기서 병이 해소되기 시작한다'는 말을
是以不病(시이불병)이라고 했다는 것이
옛늙은이의 속삭이는 듯한 가르침이라는 점,
잘 새겨들어야 할 큰 가르침입니다.

일흔둘

너그러움이 권위의 참된 힘

글마루

民不畏威(민불외위)라야 則大威至(즉대위지)니 無狎其所居(무압기소거)하고 無厭其所生(무염기소생)하여 夫唯不厭(부유불염)으로 是以不厭(시이불염)하라.

是以(시이)로 聖人(성인)은 自知(자지)나 不自見(불자현)하고 自愛(자애)나 不自貴(불자귀)하니 故(고)로 去彼取此(거피취차)하느니라.

풀이

사람들이 두려워하지 않는 위엄이야말로
크고 참다운 위엄이니
그 살아가는 곳을 억누르지 않아
그 삶을 괴로움으로 느끼게 하지 말아야 한다.

대체로 싫어하지 않으면
싫어함을 받지도 않을 터,

그러므로 제대로 사는 이는

스스로 알지만 자신을 드러내려 하지 않고
자신을 소중히 여기지만 남보다 두드러지기를 거절하니

그렇기 때문에
저것을 내려놓아 이것을 얻게 되는 것이다.

이야기

성숙한 인식이나 인격을 갖춘 지혜로운 사람이 되기를 바라는 것은
정상적인 사회에서는 언제나 상식입니다.
미개한 사회라는 것은 폭력이 그 사회의 중심에 놓여 있는 곳인데
폭력이라는 것은 반드시 힘의 우열을 결정하는 저급한 방식인 동시에
그 힘의 우열이 결정되었을 때
약한 자를 제멋대로 다스리기 위한 권력의 도구가 됩니다.

시대가 변하여 민주주의가 세계적 정치형태의 기본이 되고 있지만
표면적, 또는 형식적으로는 민주주의라고 하지만
내용을 볼 때에는 그게 아닌 복잡하고 어지러운 상황들,
미개한 민주주의라는 것이 무엇인지를 극명하게 보여주었던
우리가 경험한 '한국 민주주의'와 '한국적 민주주의'라는 것이 떠오릅니다.

민주주의가 갖는 한계를 악용하여

정치의 유익을 정치인이 챙겨먹으면서도
말로는 국민을 입버릇처럼 늘어놓는 정치모리배들이
아직도 곳곳에 남아 있습니다.

거기에는 여전히 힘의 논리가 우선합니다.
그 힘이라고 하는 것이 단순한 물리력이 아니라
정치, 경제, 언론, 학문, 문화, 예술과 같은
사회 전반의 힘이라고 할 수 있는 것을 틀어쥔 권력의 야만성이
그대로 담겨 있고, 그것은 아직도 우리 사회의 구석구석에 작용하는
부정적인 힘의 논리이기도 합니다.

국제사회 또한 크게 다르지 않아
지금까지 문명화된 선진국이라고 하여
저개발국이 부러워하던 나라들이 저지르고 있는 갖가지 횡포들이 공
공연하고
함께 어우러지며 제대로 살자는 것이 아니라
일단은 내가 잘 살아야겠다고 하는 모양을 보면
강대국과 선진국은 분명히 구분되어야 한다는 생각이 듭니다.

아직도 인류가 다수의 행복을 향해 열린 길을 찾기까지는
헤쳐내야 할 가시덤불과 메워 더 이상 쓰지 못하게 해야 할 함정들이
너무도 많다는 사실 앞에서 권위의 얼굴을
다시 살펴야 할 필요가 있습니다.

권력이 힘을 행사할 수 있음을 보여주는 암묵적인 장치를

권위라고 할 수 있을 터인데
힘이 작용하는 권위는 힘을 갖지 못한 이들에게는
두려움일 수밖에 없습니다.

'사람들이 두려워하지 않는 권위'는
말할 필요도 없이 성숙한 인격으로 다른 이들과 조화롭게 어울리고
힘을 사용하는 것은 언제나
힘없는 이들을 도울 때로 한정될 때
그 권위는 모두가 기꺼이 동의, 또는 수용되는
아름다운 모습일 수 있습니다.

좁은 길을 가다가 맞은편에서 오는 사람이 있을 때
힘 있는 사람이 먼저 피하는 세상,
무거운 것은 언제나 더 힘이 있는 사람이 들거나 지고 가는 사회,
그리하여 더 땀 흘리는 사람이 조금 많은 보수를 받아도
아무도 불평하지 않는 사회,
교묘하게 남의 눈을 속여 이익을 챙기는 무리들이
설 자리가 없는 세상,
그러다가 차별 때문에 힘없는 사람들이 시달리게 될 때
기꺼이 주머니 불룩한 사람이 손을 펴는
그런 세상을 꿈꿔온 것이
인류 역사의 큰 줄기였고 앞으로도 그럴 것입니다.

일흔셋

하늘 그물은 성글지만

글마루

勇於敢[47]則殺(용어감즉살)이요 勇於不敢則活(용어불감즉활)인데 此兩者(차양자)는 或利或害(혹리혹해)나 天之所惡(천지소오)는 孰之其故(숙지기고)인가, 是以(시이)로 聖人(성인)이 猶難之(유난지)니라.

天之道(천지도)는 不爭而善勝(부쟁이선승)하고 不言而善應(불언이선응)하며 不召而自來(불소이자래)하며 繟然而善謀(천연이선모)니라.

天網(천망)은 恢恢(회회)하나 疎而不失(소이부실)이니라.

풀이

힘 넘치면서 무모한 데에서는 죽이는 일만 나오고
날래면서도 신중하면 살리는 일에 그 힘이 쓰인다.

이 둘은 하나는 이로워 보이고 하나는 해로워 보이지만

---

47) 敢(감)은 보통 勇(용)과 같은 뜻이지만 여기서는 확연한 구분이 필요해 보이는 용법으로 쓰였고, 따라서 나는 이 글자를 '무모함'으로 보았습니다.

하늘이 꺼리는 것을
누가 그 까닭을 알겠는가.
그러므로 제대로 사는 이라 하더라도 쉽지 않게 여긴다.

하늘이 하는 일을 보면 다투지 않고 이기며
말하지 않아도 듣고
부르지 않아도 절로 오며
너그러우므로 덤비지 않아도 잘 모으는 것,

하늘 그물은 성글고 성글어
모든 것이 다 빠져나갈 것 같지만
놓치는 것이 하나도 없더라.

이야기

우리는 지금 세상 모든 것을 상품으로 만드는 시대를 살고 있습니다.
그렇게 엄청난 물건들을 만들어내고 그것들을 팔아먹으려고 하다 보니
서로 자기 물건이 최고라고 광고를 해 대는
광고의 홍수시대가 되고 말았다는 생각도 듭니다.

그런 시대에 장사꾼을 뒤따라가고 있는
종교의 포교전략까지 광고되는 것을 보면
절로 한숨이 나올 수밖에 없습니다.

스스로 무엇을 해야 하는지를 묻고 결과를 하늘에 맡기는 것이 종교일 터인데
사람들의 평가를 결과로 얻고 싶으니 그러는 게 아닌가 싶은 까닭입니다.

내용 없는 것들일수록 광고는 요란합니다.
'내 말을 들으면 너는 더 편리하고 좋은 삶을 살 수 있다'는 손짓이며
'이것을 갖는 것이 현대를 살면서 뒤처지지 않는 길이라'는 묘한 유혹들…….
한 걸음 물러서서 보면 그런 말에 흔들리는 감정이 유치하다는 것을
금방 알 수 있고
광고 또한 한없이 유치한 것으로
대부분이 거짓말이라는 것도 한눈에 볼 수 있습니다.

나로서는 아무래도 받아들일 수 없어서 고집하는 것들 가운데 하나는
비싼 옷이나 물건을 고를 때
상표가 얼른 눈에 띄는 것은 절대 사지 않는 것입니다.
왜냐하면 실제 물건의 효용가치보다 더 비싼 값을 주고 사야 하는데
사서 쓰거나 입는 동안
그것이 그 회사를 선전해 주는 일이라는 생각 때문입니다.

어느 겨울에, 비록 좀 입던 옷이긴 했지만
비싼 옷 하나를 얻은 일이 있습니다.
그 옷의 주인이 그 옷을 입지 않겠다고 한 이유가 재미있는데
옷의 상표가 지워졌다는 것

그는 그 때문에 그 웃을 입을 이유가 없다고 버린다는 건데
그렇기 때문에 입게 되는 나와 그의 차이를 헤아리면
그냥 웃을 수밖에 다른 도리가 없어 한번 씩 웃고는
다시 하던 이야기를 합니다.

아무 말 하지 않아도 모두가 따를 수밖에 없는 것이 하늘의 길이고,
세상 모든 것이 그 하늘의 뜻을 따르며 살아가는데
하늘을 찌푸리게 하는 현대자본주의와
그 자본주의의 천박한 대리인인 상업주의가 엮어내는 위기 앞에서
우리가 찾아야 할 '모두가 더불어 살아갈 수 있는 길'이 어디 있는지를
다시 한 번 확인하며 듣는 말,

'인간이 갖고 있는 모든 능력'을 勇(용)이라고 보고
'그것이 제대로 쓰이지 않는 것'을 敢(감)이라고 보면
오늘 우리가 서 있는 자리를 읽어낼 수 있는 길이 열릴 터,
敢(감)의 홍수시대에 살면서 듣는 가르침의 결말을 듣습니다.

'하늘 그물은 비록 성글어 보이지만
그 어느 것 하나도 놓치는 일이 없더라'는
참 곱기만 한 가르침 앞에서
현실을 극복하여 더 나은 세상을 여는 길을 내다보는 것,
나침반 없이 항해하는 이들이 보던 별을 닮아 있습니다.

일흔넷

자기 일을 하는 것만이

글마루

民不畏死(민불외사)면 奈何以死懼之(내하이사구지)이겠는가, 若使民常畏死(약사민상외사)면 而爲奇者(이위기자)를 吾得執而殺之(오득집이살지)라도 孰敢(숙감)이겠는가.

常有司殺者(상유사살자)는 殺(살)이니 夫代司殺者殺(부대사살자살)을 是謂(시위)로 代大匠斲(대대장착)이니 夫(부)로 代大匠斲者(대대장착자)는 希有不傷其手矣(희유불상기수의)니라.

풀이

사람들이 죽음을 두려워하지 않으면
죽인다고 을러대는 것이 무슨 소용이 있는가.

만일 사람들에게 늘 죽음을 두려워하게 하고
저는 몹쓸 짓을 하는 자가 있다면
그를 내가 혹시 잡아서 죽일 수 있다 하여
어찌 그렇게 할 수 있겠는가.

언제나 죽이라고 시키는 자가 있어 죽이기는 하지만
무릇 죽이라고 시키는 것을 따라 죽이는 짓을 일러
남이 할 거친 일을 대신 하는 것과 같다고 할 수 있으니
대체로 남이 할 거친 일을 하다가는
제 손을 다치지 않는 이가 거의 없는 법이다.

이야기

젊었을 때 '왜 사는가'의 문제를 안고 씨름했던 적이 있습니다.
대여섯 해 그런 문제에 시달렸는데
그럭저럭 살아오는 동안 잊고 있었으니
그 씨름은 결국 승부가 나지 않은 것처럼 보였습니다.

살면서 참 많은 것들을 보기도 하고 듣기도 했습니다.
그 중에 문득문득 젊었을 때의 물음이 떠오르는 것은
사람들이 죽었을 때
특히 아직은 더 살아도 될 것 같은데
어이없는 일로 죽은 것처럼 보일 때였습니다.

그러다가 뒤늦게 알게 된 것이 있는데
그건 '살아 있는 사람은 살더라'는 것,
그럼에도 살아 있는 사람이 살고 싶은 생각이 더는 들지 않는

그 절대절망의 상황이 적지 않더라는 것,

어찌어찌 하다가 여기까지 오면서
보고 들은 이야기 중에 가장 두려운 것이 바로 그것이었습니다.

『태백산맥』을 읽을 때 본 것들 가운데
'하늘과 땅이 딱 붙어 맷돌질을 했으면 좋겠다'는 문장이
거듭 쓰였던 것을 기억합니다.
내 기억이 정확하지는 않겠지만
대충 그런 뜻이었던 것만은 틀림없고
그것이 바로 그가 소설에서 말하는 절망적인 상황과
혁명적인 일이 일어나 세상이 확 바뀌었으면 좋겠다는
사람들의 염원에 대한 이야기라고 이해하고 있습니다.

죽음보다 더 두려운 일이 있다는 것은 슬픈 일인데
성서에 보면 부활에 대한 믿음이 중요시되는 대목이 적지 않고
그 또한 절망적인 상황에서 나온,
인간이 지녀야 될 최소한의 희망에 대한 말은 아니겠는가 싶기도 한데

옛늙은이가 그런 상황을 타개하지 않겠다는 말이
역설로 들리는 까닭은,
나 또한 살아오면서 그런 극단적 상황들을
직접 겪은 일도 적지 않았고
눈으로 본 것은 헤아릴 수도 없습니다.

그 말도 안 되는 일을 없애려고 해 보기도 하고
실제로 없애버린 일도 있지만
그것으로 문제 자체가 없어지지는 않는 답답함을 겪으면서
우리 사회가 갖는 복잡함과 구조적인 문제도 볼 수 있다는 걸 경험했기 때문입니다.

다시 '왜 살아야 하는 건지'를 묻는
사춘기적 혼란을 경험하게 하는
물음 앞에 나를 세워 놓는 상황과 마주치면서
쩔쩔매며 나아갈 길을 내다보는 눈길이 흔들린다는 것은
거울 보지 않고도 알게 되는 시점입니다.

사람이 죽음을 두려워하지 않게 되는 지점이 어디인지를
이제는 조금은 알 것도 같고,
죽음을 두려워하지 않는 상황이 갖는 절망도 이해가 되지만
그런 상황을 만드는 것들은 쓸어버려도 될 듯하다는 문맥으로 읽고 싶었던 것도 사실입니다.

그럼에도 어찌 그러겠느냐고 물으면서
남이 깎을 나무를 깎겠다고 제 것도 아닌 연장을 들고 설치다가는
손만 다치기 십상이라면서
네가 지금 선 자리에서 할 일이 참으로 그것이냐는
가벼운 듯 하면서도 결코 가볍지 않은 이 물음,
당장 눈앞의 현실들 가운데 꼭 하고 넘어가야 하겠다는 생각이 드는
갖가지 상황들을 조금만 더, 그리고 조금만 더

그렇게 살피고 꼼꼼하게 짚어가면서
내가 할 일이 거기 있는 것이 아니라
다만 지금까지 걸어오던 그 걸음으로 그 길을 걸어야 한다는 것,

거기까지 헤아림이 다다르자 비로소 눈앞이 시원해집니다.

살아 있는 동안은 결코 절망할 수 없다는 말을
'하늘이 무너져도 솟아날 구멍이 있더라'는 속담으로 다시 확인하고는
잠시 흔들리던 눈길 거두어
다시 나아갈 길을 내다봅니다.

일흔다섯

대다수 민중을 불행에 빠뜨리는 부의 편중

글마루

民之饑(민지기)는 以其上食稅之多(이기상식세지다)이니 是以饑(시이기)요, 民之難治(민지난치)는 以其上之有爲(이기상지유위)니 是以難治(시이난치)이며, 民之輕死(민지경사)는 以其上求生之厚(이기상구생지후)니 是以輕死(시이경사)니라.

夫唯(부유)로 無以生爲者(무이생위자)이면 是賢於貴生(시현어귀생)이니라.

풀이

많은 사람이 굶주리는 것은
힘 있는 것들이 세금을 다 먹어치우기 때문,
그것이 많은 이들이 배고파하는 까닭이다.

사람들이 어려운 상황에 빠지는 것은
누군가가 힘으로 그들을 제멋대로 부리려 하기 때문,
그러니 어찌 어려운 일이 생기지 않겠는가.

사람들이 죽음을 대수롭지 않게 여기는 것은

가진 자들이 저희들만 배부르고 등 따뜻하게 살려고 하는 까닭이니
결국 나머지 사람들은
죽음을 가까이 두고 살 수밖에 없게 되는 것이다.

대체로 삶을 도모함을 자연스러움으로 하는 것,
이를 일러 참으로 삶을 귀히 여기는 슬기로움이라고 한다.

이야기

제레미 리프킨이 쓴 『생명권 정치학』이라는
책에서 본 걸로 기억하는 한 대목이 있는데
작은 제목들 가운데 '소가 사람을 잡아먹는다'는 것입니다.

세상에 사람을 잡아먹는 소가 있다니!
말도 안 되는 소리라고 할 수도 있을 터인데
그의 논리에 의하면 이 말은
한 사람이 한 끼 먹을 수 있는 소고기를 생산하기 위해서는
대략 아홉 사람이 먹을 수 있는 옥수수가 소비된다는 것이고

그렇기 때문에 소고기를 먹는다는 것은
먹을 것이 없어 굶주리는 지역의 사람들에 대한 범죄행위일뿐더러
그 소들로 인해 발생하는 이산화탄소의 막대한 양이
지구온난화를 가속화시키는 데 큰 역할을 하니

생태적 위기까지 불러일으키는 위험한 일이라는 지적이었습니다.

굶주림의 원인을 단지 세금을 과중하게 거둬들이고
그 세금이 올바로 쓰이지 않고 가진 자들을 위해서만 쓰기 때문이라고 보는 것은
옛늙은이의 가르침을 너무 좁게 바라보는 것이라는 생각이 들고
부의 편중이 갖는 문제에 대한 지적으로 보는 것이 좋을 것입니다.

지구촌의 굶주리는 이들,
그리고 바로 우리 이웃인 북조선[48]의 헐벗고 배고픈 사람들을 헤아릴 때
음식쓰레기를 처리하는 일에도 엄청난 예산을 써야 하는 현실이
부끄럽다는 생각이 들기도 하는 건 그런 맥락입니다.

인간이 벗어나야 할 최소한의 자리 몇 가지 중
절대적인 것이 굶주림인데
그것은 고통이면서 동시에 슬픔이기도 한 비극의 원인이라
고루 나눌 줄만 알면 모두가 배부르고도 남는 것이 하늘의 길인데

땅과 바다, 그리고 하늘에까지 있지도 않은 금을 그어가며
나와 남을 나누고, 내 것과 남의 것을 구분하면서
일단은 내가 먼저 살아야겠다는 생각만 앞세우다가

48) 여기서 '북조선'이라는 말을 쓰는 것은 북남이 화해를 하는 한 방법으로 남은 북을 앞세우는 것으로부터 시작해야 한다는 평소의 내 생각, 그리하여 우리는 북남이라고 말하고, 북은 남북이라고 말한다면 거기부터 통일의 길이 열리지는 않을까 싶어서 우선 나부터라도 그렇게 써 본다는 것을 밝힙니다.

내가 넉넉히 살고 있음에도 나눌 줄 모르게 되면서 잃어버린
최소한의 인간다움이 그리워지는 건 그런 까닭입니다.

여기서 듣게 되는 '어질어 길이 받들어야 되는 삶'이라고 말하는
賢於貴生(현어귀생)의 길은
자신이 소중하지만 저만 살자고 하는 독선적 이기심이 아니라
자신이 소중하기 때문에 다른 이들 또한 그만큼 소중하다는 것을 아는
바로 그 길이라는 가르침 앞에 고개를 숙이며
'더불어 숲'이라는 글씨를 여러 점 남긴 신영복 선생의 뜻이
'숲' 이야기가 아니라는 것을 되새깁니다.

일흔여섯

부드럽고 여린 생명의 본성

글마루

人之(인지)가 生也(생야)에 柔弱(유약)하고 其死也(기사야)에는 堅强(견강)하며 萬物草木之(만물초목지)도 生也(생야)에 柔脆(유취)하고 其死也(기사야)에는 枯槁(고고)하니라.

故(고)로 堅强者(견강자)는 死之徒(사지도)요 柔弱者(유약자)는 生之徒(생지도)니 是以(시이)로 兵强則不勝(병강즉불승)이며 木强則兵(목강즉병)이라.

强大(강대)는 處下(처하)요 柔弱(유약)은 處上(처상)이니라.

풀이

사람이 살아있을 때에는 부드럽고 여리며
그 죽음에 이르러서는 뻣뻣하고 딱딱한데
풀과 나무를 비롯하여 세상 모든 것들이
살아있을 때에는 연하고 무르지만
그 죽음에 이르러서는 메마르고 거칠어진다.

그러므로 뻣뻣하고 딱딱한 것은 죽음의 얼굴이고

부드럽고 여린 것이 생명의 표정이니

이에 미루어 보면 강한 군사력으로 이기는 것은
이기는 것이 아니며
나무가 강하면 무기로나 쓰이게 되는 법,

강하고 큰 것의 자리는 아래쪽이고
부드럽고 여린 것의 자리는 위가 되는 것이다.

이야기

나는 어렸을 때부터 제식훈련을 싫어했습니다.
초등학교 다닐 때의 아침조회 또한 싫어했는데
교장선생의 지루하고 따분한 훈화도 그랬지만
무엇보다 견디기 힘든 건
줄을 맞춰 세워놓는 것이었습니다.

물론 나만 그걸 싫어한 건 아니었던 것 같은데
그러다 보니 이따금씩 여름날 조회 시간에 쓰러지는 아이와
그 아이 가까이 서 있던 아이들이 부러웠던 적도 있습니다.
쓰러지면 일단 부축을 받아서 교실로 들어갔고
그래서 그렇게 교실로 들어가는 쓰러진 아이와 부축하는 아이들이 부러웠는데

돌아보면 지금도 가벼운 욕이 튀어나오려고 하는 까닭은
한 번도 나는 쓰러진 적도 없고
내 곁에서 쓰러지는 아이가 생긴 적도 없었다는
조금은 배부른 불만입니다.

나는 군에 다녀온 모든 사람들이 우습게 여기는 방위 출신입니다.
내가 방위 소집명령을 받고 훈련소에 들어가 훈련을 받고 있을 때에는
하사관이 몹시 부족했던 모양입니다.
저녁이면 조교들이 훈련병들을 개별적으로 만나
하사관에 지원할 것을 갖가지 회유를 하면서 설득하곤 했는데
내게도 집요하게 그런 시도를 했고
그들의 이야기를 들으면 마음이 흔들리기도 했습니다.

내가 자라면서 말도 안 되는 상황을 경험하지 않았다면
나는 그들의 말에 설득당하여
틀림없이 하사관에 지원하여 직업군이이 되었을 거라는 생각은
지금 돌아보아도 변함이 없습니다.

고등학교를 이리저리 여러 학교를 돌아다니며 다니던 때에
마침 군부대에 가까운 한 지방에 있는 학교엘 잠시 다닌 적이 있는데
그때 내 자취방 옆의 두 방에 군인들이 세 들어 살고 있었습니다.
한쪽은 아들 하나를 둔 중위의 가족이었고
다른 한쪽은 역시 아들 하나를 둔 중사의 가족,
나이는 중사와 중사의 아내가 중위네보다는 두세 살 더 많았는데
아침이면 깎듯이 인사를 하는 중사와 그 인사를 받는 중위는 그렇다

치고

그 중사와 중위가 출근을 한 뒤에 벌어지는 일은 어이가 없었습니다.

중위 아내의 세숫물을 떠다 주는 중사의 아내는
보는 내가 이만저만 불편하지 않았는데
더욱 말도 안 되는 안타까운 모습은
덩치도 훨씬 크고 힘도 세어 보이는 중사의 아들이
중위의 아들녀석에게 꼼짝도 못하는 모습이었습니다.

그때 그런 생각을 했습니다.
'무슨 일이 있어도 군인을 직업으로 삼지는 않겠다.'
나 하나가 계급 때문에 굽신대는 것까지는 혹시 참을 수 있을지 몰라도
내 아내나 아이들이 그 때문에 쩔쩔매는 일은
절대로 생기면 안 된다는 것이 그 때의 생각이었습니다.

물론 모든 군인가족들이 그렇지는 않다고 할 수 있겠지만
그 때 내가 본 것은
계급이라고 하는 것의 속성이 지닌 전근대적 폭력의 모습이었습니다.

이후 살면서 보니 계급의식이라는 것이
우리 사회 전체를 지배하고 있다는 생각이 드는 경우가 한두 번이 아니었고
그 음성적 계급의식이 오히려 훨씬 더 위험하다는 것도 곳곳에서 확인하면서
차라리 겉으로 드러나는 계급사회가 더 낫지 않겠느냐는 생각도 했습

니다.

그러면서 그 어떤 계급의식에도
스스로 무릎 꿇지 않고 살아왔다고 자부하는데
군사문화의 연장선상에 있는 사회구조의 문제점은
우리가 벗어야 할 또 하나의 거대한 굴레라는 생각까지 했다는 걸
말하지 않을 수 없습니다.

그런 저런 삶의 경험 때문에
각이 지게 무엇을 쌓는 것도 그리 보기 좋지 않았는데
본문을 처음 보았을 때 내가 왜 그랬는지를 얼른 알아차릴 수 있었습니다.
딱딱하게 굳어 있는 것은 죽음의 모습이고
부드럽고 여리며 따사로운 것이 삶의 표정이라는 말이 가슴에 와 닿는 순간
내가 싫어했거나 불편해 했던 일들이 떠오르고
앞으로 어떤 마음가짐으로 살아야 할 것인지도
새롭게 내다볼 수 있었던 것,

크고 강한 것이 있어야 할 자리는 낮은 곳이고
부드럽고 여린 것은 당연히 받들어져야 한다는 말,
허리와 고개 깊이 숙이며 마음 내밀어 받아 모십니다.

일흔일곱

안정된 사회를 이루는 길

글마루

天之道(천지도)는 其猶張弓[49]與(기유장궁여)니 高者(고자)는 抑之(억지)하고 下者(하자)는 擧之(거지)하며 有餘者(유여자)에게서는 損之(손지)하고 不足者(부족자)에게는 補之(보지)니라.

天之道(천지도)는 損有餘(손유여)하여 而補不足(이보부족)이나 人之道(인지도)는 則不然(즉불연)하여 損不足(손부족)하여 以奉有餘(이봉유여)하더라.

孰能有餘(숙능유여)로 以奉天下(이봉천하)하겠는가, 唯有道者(유유도자)니, 是以(시이)로 聖人(성인)은 爲而不恃(위이불시)하고 功成而不處(공성이불처)하니 其不欲見賢(기불욕견현)이니라.

49) 張弓(장궁)이라는 말은 우리에게 낯선 말입니다. 활을 다루는 사람들은 활을 쏘기 전에 시위를 당겨 팽팽하게 하는데 이것을 張弓(장궁)이라고 하고, 활을 쏜 다음에는 시위를 풀어 놓거나 아예 벗겨놓기도 하는데 이것은 弛弓(이궁)이라고 합니다. 따라서 본문의 張弓(장궁)은 뒤에 弛弓(이궁)이 생략된 것으로 보면 나머지 뜻은 쉽게 와 닿을 것입니다.

풀이

하늘이 하는 일은 마치 활을 당기고 느슨하게 하는 것과 같아서
솟아오르는 것은 눌러 낮추고
처지는 것은 돋워 올리며
남는 것에게서는 덜어내고
모자란 데에다가는 채운다.

하늘이 하는 일은 남는 데서 덜어 모자란 데다 보태나
세상 돌아가는 것은 그와 달라
모자란 데서 헐어내어 남는 데다 더 쌓는다.

누가 남는 것으로 세상을 모시겠는가?
오직 하늘이 하는 일을 따르는 사람이니
그러므로 제대로 사는 이는 일을 했다고 뽐내지 않고
공을 이루었다고 거기서 몫을 챙기지 않으니
자신이 어질다는 것까지도 드러낼 뜻이 없는 것이다.

이야기

'골고루'라는 말이 무엇인지를 생각하면
그냥 가슴이 먹먹해집니다.
인류사가 이 '골고루'를 향해 달려왔고

그 동안 얼마나 많은 사람들이 시달리거나 짓밟히고
빼앗기고 죽어갔는지를 아는 까닭입니다.

미당의 시 가운데 '초록이 지쳐 단풍 든다'는 말이 있습니다.
때가 되었는데도 여전히 초록을 유지하고 있는 것이 얼마나 서글퍼 보이는지
서리 내린 가을날 들길을 걷다 보면
누군가가 베어낸 자리에 다시 돋아난 쑥의 새싹이 여전히 푸른빛을 띠려고 하지만
나날이 짧아지는 낮의 길이에 내려쬐는 햇살이 모자라
성성한 보랏빛을 하지 않으면 안 되는 모습에서 서글픔이 느껴집니다.

그러나 때 되어 제 한 삶을 다 산 풀이나 나무의 잎들은
곱게 단풍이 들게 마련입니다.

제 곳간 채워지면 곳간을 늘릴 일이 아니라
어디 배고픈 사람은 없는지
추워지는 날에 난방도 하지 못하고
떨면서 긴 겨울밤을 새는 사람은 없는지를 찾는 것이
생명으로 세상을 살아가며 하늘의 길을 따르는 일입니다.

여기서 한마디로 말하는 제도적 장치와 정치적 기술은
도드라져 솟아오르는 것들은 눌러 낮추고
처지고 주저앉으려는 것들은 손잡아 일으켜 주는 것이라는 말이건만
없는 사람들의 곳간을 털어 있는 것들의 주머니를 채우는 일은

그때도 마찬가지였던 모양입니다.

인간이 지니고 있는 탐욕이
공정성을 빙자해 더 채우려고만 하는 것을 통제할 수 없는 것이라면
법이나 제도로라도 장치를 마련해야 할 것입니다.
사람이 사람답게 살아가는 것이 무엇인지를 다시 생각하면
우리가 열어 다음 세대에 건네주어야 할
진정한 유산이 무엇인지를 알 듯도 한데

이 대목에서 떠오르는 일 하나가 있습니다.

어느 때부터인가 하천에 갈대가 무성하게 자라기 시작했습니다.
한때 붓글씨를 배운다고 제법 먼 길을
여덟 해 동안 오간 일이 있는데
그때 지나던 길가를 따라 흐르는 개울의 갈대가
해마다 하천을 채워가는 것을 보았습니다.

수질정화식물이라는 갈대가 영역을 넓혀가는 일을 보는 것은
그만큼 수질이 악화되어 간다는 점에서는 안타깝고
자연이 그렇게 인간이 더럽힌 것을 설거지하느라고
애를 쓰는 모습이 고맙기도 했는데
그렇게 갈대들을 보며 오가는 사이 생긴 궁금증이 있었습니다.

그것은 지난해에 자란 갈대가 성그렇게 서 있는 자리에
올해의 새 갈대들이 다시 올라오는데

봄이 다 가도록 묵은 갈대들이 새 갈대들 사이에 서 있는 모습이
왠지 어색하게 보이기도 했지만
나중에 저 묵은 갈대들이 쓰러지게 될 때
새 갈대들이 다치지는 않을까 하는 걱정이 생기기도 했습니다.

그런데 신기하게도 어느 때엔가 보면
묵은 갈대가 어떻게 쓰러졌는지
새 갈대들이 하나도 다치지 않은 채 묵은 갈대들이 사라졌는데,
도대체 까닭을 모르니 그게 몹시 궁금했던 것입니다.

여러 해를 살펴보다가 드디어 알아차린 놀라운 일,
비밀은 갈대의 마디에 있다는 것이 어느 날 보였던 겁니다.
모든 한해살이 벼과식물들이 갖고 있는 마디,
거기서 잎이 돋는데, 그 잎이 나오는 자리를 엽초(葉鞘)라고 합니다.
이들이 제 삶을 다 살고 난 뒤에
바로 그 엽초에서 마디를 썩게 하는 효소가 생긴다는 것,
하여 묵은 갈대가 쓰러지지 않고 마디들이 썩어 주저앉는다는 사실,
이것이 보인 순간의 놀라움과 기쁨은 이만저만이 아니었습니다.

거기 곁들여 하나 더 알게 된 것은,
볏짚으로 장(醬)을 발효시키는데
그때 쓰이는 발효균이 바로 여기서 나온다는 것과
그것을 이용할 줄 알던 옛사람들의 슬기로움 앞에서
놀라움과 고마움이 곁들여져 절로 숙연해지던 날이
엊그제처럼 생생합니다.

그 모든 것들이 바로 '하늘이 하는 일' 곧 天之道(천지도)라는 일깨움입니다.

뒤로 물러날 때가 이미 지났는데도
여전히 서 있기를 고집하다가 마침내는 쓰러지면서
자라나려는 다른 것들에게 해코지를 하는 것은
사람 말고는 없음을 여기서 다시 보는데

때 되면 물러날 줄 아는 것이
하늘의 일이라고 하는 바로 그 자연의 법칙,
그 하늘이 하는 일이 때로 가혹하게 느껴지기도 하지만
살아있는 모든 것은 하늘의 일을 거절할 수 없다는 사실을 수용하는 일이
성숙의 바탕임을 다시 한 번 확인합니다.

일흔여덟

그것이 여리고 힘없기만 하겠는가

글마루

天下(천하)에 莫柔弱於水(막유약어수)하니 而攻堅强者(이공견강자)라도 莫之能勝(막지능승)은 以其無以易之(이기무이역지)라.

弱之勝强(약지승강)과 柔之勝剛(유지승강)을 天下(천하)가 莫不知(막부지)하고 莫能行(막능행)이더라.

是以(시이)로 聖人云(성인운)에 受國之垢(수국지구)면 是謂社稷主(시위사직주)요 受國不祥(수국불상)이면 是謂天下王(시위천하왕)이니 正言(정언)은 若反(약반)이니라.

풀이

이 세상에 물보다 부드럽고 여린 것이 없으나
아무리 거칠고 억센 것이 덤빈다 하더라도 도무지 이길 길이 없으니
이를 바꿀 수 있는 것은 그 어디에도 없다.

여린 것이 거친 것을 이기고
부드러운 것이 억센 것을 이기는 것을 세상이 모르지 않으나

그것을 따르는 이를 찾기는 쉽지 않다.

그런 까닭에 큰 어른이 이르기를
한 세상의 더러운 것을 끌어안을 줄 알면
그를 일러 길이 받을 제사의 주인이라 하고
저 사는 곳의 어려움을 자신의 것으로 삼을 줄 알면
그를 일러 세상을 다스려도 될 사람이라고 할 수 있는데

바른 말은 (깊이가 있으나)
때로 거슬리게 들리기도 한다.

이야기

언제부터인가 생태하천이라는 말이 흔해지기 시작하더니
도대체 말이 안 되는 '생태하천조성사업'이라는 것이
버젓이 자치단체가 막대한 세금을 쓰면서 하는 일이 되었고
곳곳에 생태하천이라고 푯말을 써 붙인 곳이 생겨났습니다.

생태하천은 물이 저 가고 싶은 곳으로 가게 둔,
그래서 굳이 앞에다 '생태'라는 말을 붙일 필요도 없는
그런 하천이어야 옳은데,
그러면 물이 알아서 흘러야 할 곳으로 흐르면서 길을 내고
물가에는 거기 살 만한 풀이나 나무들이 알아서 자리잡고 자라며

물속 또한 거기 살 수 있는 물고기나 생물들이 살아가게 되는데

그러면 사람은 좀 불편하더라도
물이 흐르는 곳에서 비켜서서 집도 짓고 농사도 하며 살아가고
그러면서 필요할 때마다 물을 찾아가 쉬기도 하고 놀기도 하고,
그렇게 될 때 비로소 자연과 인간의 공존이
그야말로 자연스러워진다는 것을 모를 사람은 없을 줄 압니다.

생태적 안목이라고는 전혀 없는 공무원이 계획을 세우고
무자비한 토목장비가 들어가 물을 마구 헤쳐
거기 있는 돌들을 치우고 깨뜨리며
제멋대로 둑을 쌓고
여기저기 틈이 생기는 곳에다가 그 물과는 아무 상관도 없는 나무나 풀을 심고
물의 흐름을 방해하는 다리를 놓고
심지어는 다른 수계에 있는 물고기를 잡아다 넣어
생태계를 교란시키는 짓까지 하는 것을 일러 생태하천이라고 한다면
그야말로 반생태적 훼손의 극치일 뿐입니다.

물 흐름 방해하지 않느라
구불구불 그 물을 따라 길을 냈던 옛 길의 정취
꼭 물을 건너야 한다면
물의 흐름을 될 수 있으면 덜 건드릴 곳에다 다릿발 세워 다리를 놓고
그렇지 않으면 나룻배를 이용해 물을 건너던 풍경을
이제는 볼 수 없습니다.

더욱 안쓰러운 우리 시대 또 하나의 문제는
물가에 가면 온갖 쓰레기들이 버려져 있는 것을
어디서나 흔히 볼 수 있고
홍수가 나면 불어난 물에 그것들이 휩쓸려 떠내려간다는 것인데,
그 쓰레기의 대부분이 비닐, 플라스틱, 스티로폼으로
이것들이야말로 인간이 발명한 반생명적인 물질들로
모든 살아 있는 것들을 위협하는 생명파괴적인 속성이 있다는 점입니다.

그것들이 그렇게 떠내려가다가 머무는 자리는
결국 모든 생명을 잉태한, 모든 생명의 어머니,
그 어머니의 자궁인 바다,
아무데나 함부로 쓰레기, 그것도 반생명적 쓰레기를 버리는 짓은
제 어머니의 자궁을 짓밟는 행위라는 데까지 헤아림이 이르자
눈가에 고이는 눈물을 어쩔 수 없습니다.

그럼에도 스스로 살고 다른 생명도 살리려는 물의 고생(苦生)은 가없습니다.
'물이 여리고 부드럽지만
알고 보면 그를 이길 수 있는 것은 아무 것도 없다'는 말이
비로소 두려움으로 다가오는 자리에서
왠지 까닭을 모르지만 문득 떠오르는 노래 하나
작은 소리 입속으로 흥얼흥얼 불러봅니다.

낙동강 강바람이 치마폭을 스치면

군인간 오라버니 소식이 오네
큰애기 사공이면 누가 뭐라나
늙으신 부모님을 내가 모시고
에헤야 데헤야 노를 저어라 삿대를 저어라.

하기야 요즘 사람들이 어찌
뱃사공이 노를 젓는 일을 알기나 할까?
기름 태워가며 물을 휘젓고 나아가는 것이 배라고만 아는 시절이니
바람을 받는 돛과
물을 젓는 노에 의지하여
느릿느릿 물 위를 떠가던 배들이 그냥 그리워져
다시 눈시울이 젖습니다.

일흔아홉

힘을 어떻게 써야 하는가

글마루

和大怨(화대원)이라도 必有餘怨(필유여원)이니 安[50]可以爲善(안가이위선)이겠는가.

是以(시이)로 聖人(성인)은 執左契而(집좌계이)라도 不責於人(불책어인)이라.

有德(유덕)이면 司契(사계)하고 無德(무덕)이면 司徹(사철)이니 天道(천도)는 無親(무친)이나 常與善人(상여선인)이니라.

풀이

큰 원한을 풀어낸다고 해도 반드시 앙금이 남는 법이니
어찌 잘했다고 할 수 있겠는가?

그러므로 제대로 사는 이는
돈을 꾸어주었다 하더라도
그것으로 남을 족치는 일은 하지 않는다.

---

50) 이 때의 安(안)은 '편안함'이 아니라 '의문사'입니다.

덕이 있는 이라면 돈을 맡기고
덕이 없는 사람에게 세금 거두는 일을 하게 한다.

하늘이 하는 일은 특별히 누구를 편애하지 않으나
모든 사람과 기꺼이 어우러진다.

이야기

사람이 살면서 어떤 마음의 상처도 입지 않는 일은 없습니다.
주로 말에 상처를 입는 것이 마음이지만
언어 이외에 심리적인 자극을 하는 갖가지 설익은 인간들의 감정놀음들,
이를테면 비웃음이라든가 따돌림,
또는 업신여김과 같은 것들을 꼽을 수 있습니다.

마음의 상처가 아물지 않은 사람은 몹시 위험합니다.
혼자 그것을 삭히려는 방향으로 가닥을 잡고 살다 보면
우울증이 되어 끊임없이 자신을 찌르고 할퀴다가
심해지면 결국 자신의 생명을 포기하는 데까지 이르게 되는데,
최악의 경우는 자신과 함께 하는 이들의 생명까지도 해치게 되는
불행으로 이어지는 까닭입니다.

또 다른 경우는 자신이 입고 있는 상처를 아물리려는 시도로서
남을 공격하는 방식을 선택하는 경우입니다.
상처를 입힌 당사자에게 그것을 갚는 행위도 문제이지만
자신이 상처 입던 상황과 비슷한,
그러나 상대방은 전혀 상처를 입힐 의사가 없고 입히지도 않았는데도
단지 자신이 아프다고 무고한 이에게 해코지를 하는 경우입니다.

이런 상처에도 가슴에 한이 맺히지 않는 길이 있습니다.
대부분 상처를 입는 것은
자기 자신 안에 이미 상처 입을 자리가 마련되어 있기 때문이거나
아니면 약한 데가 있어서 남이 거길 건드렸을 때인데
거의 모든 심리적·정신적 상처는
조금만 들여다보면 그게 자신의 문제가 아니라
상처 입히는 사람의 문제라는 것을 알 수 있고
그러면 상처는 씻은 듯 사라지는 까닭입니다.

오히려 그 상처가 아물면서 생긴 여러 가지 부산물이
다른 아픈 사람의 상처를 아물리는 약이 된다는 것인데
마음의 상처는 제대로 풀어내기만 하면
나중에 그것이 자신의 큰 재산이 된다는 겁니다.

그런데 구조적인 문제로 가면 얘기가 좀 달라집니다.
사람을 억압하고, 권력이 힘없는 사람들을 억울하게 하여 생기는 것은
당사자가 문제를 해소할 수도 없을뿐더러
혹시 인격적 성숙을 통해 개인적인 문제를 풀었다고 하더라도

끊임없이 남에게 상처를 입히는
상처 냄의 악순환 문제가 여전히 남기 때문입니다.

여기에 개인의 해소되지 않은 상처와
그 사회·구조적인 문제가 복잡하게 얽히면
한 사회를 불행에 빠뜨리기도 하고
끊임없는 비극을 생산함으로써 한 시대와 역사의 불행으로 이어지기도 합니다.

중세의 마녀사냥과 노예제도
히틀러의 나치독재가 벌인 전쟁과 홀로코스트,
일제의 헤아릴 수 없는 만행들,
불의와 부정을 덮고자 벌인 캄보디아 크메르루즈 정권이 벌인 킬링필드
그 모든 것을 한데 모아놓은 것 같았던
우리의 군사독재와 그 후예들이 벌인 짓들까지,
인간의 고귀함과 생명의 진실은 설 자리가 없도록 짓밟혀
인류 모두가 함께 부끄러워할 수밖에 없었던 역사들이
아직도 우리의 현실에까지 어두운 그림자로 드리워 있습니다.

여기서 우리가 반드시 배워야 하고 배울 수 있는 것은
바람직한 사회와 생명세계의 노래를 부르기 위한 걸음은
그가 누구이건 살아 있는 동안에는
결코 멈춰서는 안 된다는 사실,
존재의 진실이라는 말이 거기에서 비로소 의미를 갖게 된다는 것입니다.

이것을 놓치는 순간부터 비겁해지기도 하고
악하거나 더러운 세력과 타협도 하게 됩니다.

비록 내일 숨을 내려놓는다 하더라도
악 앞에는 무릎 꿇지 않을 용기를 배우는 것은
어느 때라도 늦지 않으며
이것만 알고 있으면 빛나는 눈을 가질 수 있으니
그것이 아무리 써도 줄어들지 않는 재산이 아니겠는지요.

여든

그리움과 목마름

글마루

小國寡民(소국과민)이라.

使有什百之器而(사유십백지기이)라도 不用(불용)하고 使民重死(사민중사)로 而不遠徙(이불원사)라.

雖有舟輿(수유주여)라도 無所乘之(무소승지)하고 雖有甲兵(수유갑병)이라도 無所陳之(무소진지)하며 使人復結繩[51](사인복결승)으로 而用之(이용지)라.

甘其食(감기식)하고 美其服(미기복)하며 安其居(안기거)하고 樂其俗(락기속)하여 隣國(인국)은 相望(상망)하여 鷄犬之聲(계견지성)이 相聞(상문)이라도 民之老死(민지노사)에 不相往來(불상왕래)하느니라.

풀이

나라는 작고 국민도 적은 것이 바람직하다.

51) 結繩(결승)은 문자가 생기기 이전에 쓰이다가 나중에 문자로 발전하게 된 것으로 結繩文字(결승문자)의 준말입니다. 다시 이런 문자를 쓴다는 것은 단지 문자의 이야기가 아니라 문명의 모순을 해결하여 자연과 조화를 이루는 삶, 즉 '하늘을 따르는 삶'을 말한다고 보면 될 것입니다.

훌륭한 도구가 있더라도 쓸 일이 없고
사람들의 죽음을 중요하게 여기며 멀리 옮겨 다닐 일도 없는 세상,

비록 좋은 배와 수레가 있더라도 탈 일이 없고
군인과 무기가 있더라도 전쟁을 치를 일이 없으며
사람들이 다시 문자가 없이 살아갈 수 있는 시대,

음식은 입에 달고 입는 옷은 아름다우며
살아감이 곧 행복이어서 저마다 문화를 즐기며
이웃 나라의 닭 우는 소리와 개 짖는 소리가 서로 들리고
사람들은 늙어 죽을 때까지 이리저리 옮겨 다닐 일이 없더라.

이야기

작은 나라에 시민이 많지 않다는 말을 보면
요즘 흔히 말하는 지방자치제도가 절로 떠오릅니다.

물론 우리의 지방자치라는 제도는
그 출발 동기부터 그리 바람직한 것이었는지를 되물을 필요가 있고
그 운영에 있어서도
말이 지방자치이지 실제로 모든 권력이 다 중앙에 있는 것이 틀림없으니
허울뿐인 제도나 법적 장치, 또는 조례의 문구가 아니라
지방자치제도의 정신이 자리를 잡고 운영되기까지는

갈 길이 먼 것이 사실입니다.

그러나 본문의 작은 국가와 적은 국민에 대한 이야기가
향기를 머금은 노래처럼 들리는 것은
사람이 생명세계의 한 구성원으로서 다른 생명들과 자연스럽게 어우러져 살며
가난하지도 부유하지도 않고
새로운 것이나 낯선 것에 대한 호기심도 없이 살아가다가
하늘이 부를 때 머뭇거리거나 달아나려 하지 않고
"예, 저 여기 있습니다." 하고 대답하는 죽음까지
자연스럽지 않은 구석이 어디에도 없습니다.

그 살다 간 자리 살펴보면 발자국 어지럽게 찍혀 있지 않았으니
오래지 않아 살았던 흔적을 찾을 수 없으며
살면서 아무 것도 훼손하지도 더럽히지도 않았다는 것이고
하늘에 순종하고 다른 이웃 생명들은 존중하였으며
늘 따뜻하고 부드러우며 너그럽게 살다가 갔다는,
그리하여 그들의 삶으로 어떤 영화나 소설을 쓸 소재도 없는
그런 삶이었다는 이야기로 들리는 겁니다.

눈가가 젖어오는 까닭이 무엇인지를 헤아리는데
이내 그것이 곧 그리움이라는 것을 알아챕니다.
이 그리움이 허기나 갈증을 닮아 있다는 것,
더욱이 그리움은 모든 목숨살이들이 갖고 있는
더 나은 세계에 대한 지향이라는 것도 선명하게 보이기 시작합니다.

모든 살아있는 것들은 그 안에 치명적인 결함을 내포하고 있다는 사실이야

누구나 다 아는 일,

그 결함 때문에 시작도 있고 끝도 있는 것이고

게다가 그 살아가는 생존의 조건 또한

완전하게 모든 것이 갖춰져 있지 않으니

생명 그 자체의 결함과 생존조건의 한계는

그것을 극복해야 한다는 생존본성과 결합되어

현실적 조건이 지니고 있는 한계 너머를 그리워한다는 이야기입니다.

그것의 왜곡된 대표적 형태가 플라톤이 말한 이데아의 세계일 터이고

기독교에서 말하는 천국이나 부활이라는 것 또한

이와 연관되어 있을 것이며

유토피아라든가, 동양에서 나온 신선의 세계나 무릉도원들이

다 비슷비슷한 성격을 가진 그리움의 또 다른 표현일 것입니다.

그렇게 현실에는 적응하고, 미래를 위해서는

조금이라도 극복된 생명력과 생존조건을 위해 노력하는 것이

진화의 결정적 원인이 된다고 보면

이 놀라운 진화라고 하는 것이 바로

그리움의 산물이 아니겠는가 싶은 겁니다.

다른 생명들이 그러하듯이 옛늙은이도 그리움을 갖고 있었다는 것,

그러니 이 장(章)의 제목을 달리 붙인다면

'망향(望向)의 노래'라고도 할 수 있겠다는 생각이 드는데
소박하면서도 아름답고
아름다우면서도 거칠지 않은 사회와 국가를 내다본 옛늙은이의 노래와
'위대한 영혼'이라고 불렸던 큰 어른 간디의 삶이나
체 게바라의 거친 투쟁마저도 따뜻하게 느껴지는 것은
그 모든 것이 목마름과 그리움을 안고 있었던 까닭일 것입니다.

더 나은 세계는 그냥 오지 않습니다.
그러니 마냥 기다리기만 할 것이 아니라
그 세계를 위해 무엇인가를 끊임없이 해야 한다는 것,
그러면 마침내 그 세계는 열리고 만다는 가르침과
그 세계를 바라보는 이들의 눈이 곧 별이라는 사실까지 이야기하면
나머지는 받아들이는 이들의 몫이겠다 싶습니다.

여든하나

진리는 시끄럽지 않으니

글마루

信言(신언)은 不美(불미)하고 美言(미언)은 不信(불신)하며 善者(선자)는 不辯(불변)이요 辯者(변자)는 不善(불선)이며 知者(지자)는 不博(불박)하고 博者(박자)는 不知(부지)니라.

聖人(성인)은 不積(불적)하니 旣以爲人(기이위인)으로 己愈有(기유유)하고 旣以與人(기이여인)으로 己愈多(기유다)하느니라.

天之道(천지도)는 利而不害(이이불해)하고 聖人之道(성인지도)는 爲而不爭(위이부쟁)이니라.

풀이

미더운 말은 곱게 들리지 않고 달콤한 말은 미덥지 않으며
제대로 사는 이는 말이 많지 않고
말이 많은 이 치고 제대로 사는 이 없으며
제대로 아는 이는 어수선한 지식을 늘어놓지 않고
어수선한 지식을 늘어놓는 이 치고 제대로 아는 이는 없다.

제대로 사는 이는 쌓으려 하지 않으니
남을 위해 무엇인가 함으로써 자신이 더 넉넉하게 되고
남과 더불어 살아 자신은 자신이 더욱 많아진다.

하늘의 일은 두루 이롭게 하나 부작용이 없고
제대로 사는 이의 일은 무엇인가를 함에 있어
다툼이 없다.

이야기

무엇인가를 많이 안다는 것은 좋은 것입니다.
그러나 누가 묻지도 않는데 자꾸 제 아는 것을 남에게 말하는 것은
참 성가시기도 하고 불편하기도 한 일,
그런 것은 지식이라고 할 수 없다는 것이
나만 그렇게 생각하는 건지는 모릅니다.

언뜻 그럴싸해 보이거나 화려해 보이는 말이 미언(美言)이라면
투박해보이기도 하고 얼핏 불편하게 보이더라도
알고 보면 두루두루 쓸 일이 많은 말이 신언(信言)이 아닐까 싶은데
자신을 위해 무엇인가를 쌓는 일을 하는 모든 것이야말로
말을 잘 해도, 많은 것을 알고 있어도, 그리고 그 표현이 그럴 듯해도
그것은 다른 이에게는 아무짝에도 쓸모없거나
때로 위험하기까지도 하다는 말로 들립니다.

지식이 지성이 되는 자리는
점잖고 그럴싸하게 말할 줄 알며 남에게 멋지게 보이는 그런 게 아니라
자신이 알고 있는 것을 구체적 삶의 자리에서 실천하고
그것이 자신에게만이 아니라 남에게도 두루 보탬이 되는 삶의 자리,
바로 거기일 것입니다.

따라서 지식은 이론이지만
지성은 언제나 성찰이 뒤따르며 그 결과가 구체적 실천이라는 사실,
그러므로 지식은 때로 어지럽거나 시끄럽기도 하지만
지성의 자리는 늘 고요하면서도 범할 수 없는 기품이 있습니다.

거기에 하나 덧붙일 것이 있다면
하늘은 해가 빛나도 아름답고
구름이 끼어도 멋스러우며
비를 뿌려도 그저 거룩하기만 하다는 것,

그 하늘이 하는 일이라면
자신에게 유리하건 불리하건 모두 받아들이고
그리하여 마침내는 자신에게 닥쳐오는 죽음까지도
손 선뜻 내밀어 받아들여 껴안을 수 있다면
참으로 살아있다고 말할 수 있을 것입니다.

하늘을 가리고 숨을 막는 탁해진 대기로 모두가 걱정을 하는 지금
우리가 무엇에 귀를 기울여야 하고

어떤 일을 해야 하는지를 찾는 일이
전 지구적 관심이 된 오늘날의 상황이지만
그럼에도 불구하고 '나 하나'만을 생각하는 사람이나 국가들을 보면서
하늘의 길, 利而不害(이이불해), '내 이익이 다른 이에게 해롭지 않다'는 말을
강조하지 않을 수 없습니다.

이어지는 하늘의 길을 닮은, 제대로 사는 이의 실천은
무슨 일이든 그 한 일을 이룬 다음
그것으로 인해 시끄러운 소리가 생기지 않는다고 하니
사람의 길이 무엇인지
두고두고 물으며 살아야 할 숙제 하나를 안게 됩니다.

『도덕경』의 가르침에서 무엇을 알게 되었다는 것보다는
존재와 삶에 대해 진지하게 물을 줄 알게 된다면
그것이야말로 제대로 된 『도덕경』 공부임을 다시 새기는 자리,
더 이상 무슨 말이 필요하겠습니까?

닫는 마당

열매가 씨앗으로

세상 모든 것을 다 가진 것처럼 보이는 젊은이가 있었습니다.
그러나 단 하나 그가 갖지 못한 것이 있었으니
그건 기쁨이었습니다.

어느 날 그에게 한 노인이 다가와 물었습니다.
"그대가 참으로 갖고 싶은 게 무엇인가?"
젊은이가 대답합니다.
"남들은 내가 부러울 게 없을 거라고 말합니다.
그런데 사실 저는 가진 게 없습니다.
제 뜻대로 할 수 있는 게 아무 것도 없기 때문입니다."
노인이 빙그레 웃으며 젊은이를 봅니다.
"곧 그대에게 좋은 일이 일어날 것이오."
말하고는 노인은 가버립니다.

젊은이는 어리둥절해하며
노인이 사라진 쪽을 물끄러미 보고 있습니다.

하늘에 뭉게구름이 흘러가고
그 언저리로 철새 무리가 지나가고 있었습니다.

위대한 가르침과의 만남

태어나 지금까지 살면서 참으로 많은 것을 보았습니다. 어렸을 적에는 세상이 어찌 돌아가는 건지를 알 수 없었습니다. 학교에 들어갈 무렵 세상의 갈피들이 하나씩 열리면서 보이기 시작했습니다. 처음 따뜻하고 포근하게만 여겨졌던 곳이 조금씩 거친 얼굴을 내밀기도 했고, 추악함이라든가, 야비함, 비겁함, 잔인함도 보였습니다.

그렇게 학교와 사회를 오가면서 보낸 세월이 대략 서른 해, 그리고 사회운동을 한다고 길에 앉기도 하고 땅을 기기고 걷고 뛰어다닌 세월이 또한 대략 서른 해였습니다. 아직 일흔도 안 되었는데 본 것들은 200년을 살아도 다 못 볼만큼 수많은 것들을 보고 겪으며 여기까지 왔습니다.

그 중 내 중심과 균형을 잡아 준 가르침을 만난 것은 아주 소중한 일이었습니다. 신학을 마칠 때 졸업선물로 받은 책 하나가 인연의 시작이었습니다. 작고 얇은 책이었습니다. 읽는 동안 이 책이 결코 작지도 않고 내용이 가볍지도 않다는 것을 알았습니다. 박이문 선생이 쓴 『노장사상』이 그 책이었습니다.

이후 『도덕경』의 세계에 발을 들여놓게 되었습니다. 수없이 많은 『도덕경』 관련 책들을 읽었는데 그것으로는 뭔가 아쉬움이 남았습니다. 하여 오래 전에 손에서 놓았던 한문을 다시 공부하기 시작했습니다. 원문을 통해서 이야기를 들어야겠다는 생각이 들었던 때문입니다.

이제 조금은 『도덕경』을 통해서 큰 어른이 하고자 하던 말이 무엇인지 알 것도 같았습니다.

그 무렵 『도덕경』 강의라는 걸 시도했습니다. 처음은 '충북여성민우회'에서 시작했습니다. 그러나 오래 가지 못하고 접을 수밖에 없는 사정이 생겼습니다. 그 무렵 몇몇 사람들이 모여 '청주노자모임'이라는 걸 만들어 여남은 해 끌고 왔습니다. 이후 곳곳에서 『도덕경』 이야기를 하는 자리들이 마련되어 지금까지 오고 있습니다.

돌아보면 참 아찔하기만 한 날들이었습니다. 처음 시작할 때 나는 아무것도 모르고 있었던 겁니다. 막연히 '이럴 것'이라고 생각한 것들을 늘어놓는 수준이었습니다. 그 무식하고도 무모한 짓이 나를 한 걸음 더 깊은 가르침의 세계로 이끌었습니다. 그러니 그때부터 지금까지 나에게 『도덕경』 이야기를 듣겠다고 한 모든 이들이 내 스승들이었던 겁니다.

이 자리를 빌어 그 모든 이들에게 큰 절을 올립니다.

『도덕경』을 공부할 때 처음 시작하는 내 말이 있습니다.

'『도덕경』은 글쓴이가 직접 나와서 춤을 출 때까지 하는 공부'라는 겁니다. 여기까지 오는 동안 나는 수없이 많은 '노자'를 만났습니다. 그들 중 『도덕경』이라는 것이 이 세상에 있는 줄도 모르는 이도 있습니다. 다만 그들이 지닌 한결같은 특징이 있습니다. 그것은 그들이 쉽게 눈에 띄지 않는다는 사실입니다.

큰 깨달음을 얻고도 자신이 무엇인가를 깨달았다는 사실도 모르는 이들도 있습니다. 더군다나 그들은 누구에게 자신이 깨달아 아는 것을 가르쳐주려는 어떤 시도도 하지 않습니다. 나를 포함하여 『도덕경』을 가르친다고 말하는 이들은 사실은 거의가 가짜일 것입니다.

아무튼 나는 이렇게 『도덕경』 이야기를 펼쳐보았습니다.

『도덕경』 이야기를 그동안 그치지 않고 계속해서 이어오는 동안 글로 써 보겠다고 하여 시작을 한 것도 그런 저런 배경을 갖고 있습니다. 다만 글을 쓰되 남들이 쓰는 걸 흉내내는 것이 아니라 그저 내가 읽은 『도덕경』 안에서 내 이야기를 하면서 그럼에도 그것이 모두의 이야기가 되는 길을 살피고 또 찾아보았습니다.

그러다 보니 자꾸만 의욕이 앞서 어깨에 잔뜩 힘이 들어가는 자신을 보았습니다. 결국 쓰다가 내던져버리고, 썼다가 없었던 걸로 하기를 몇 번 거듭했습니다. 그리고 용기를 내어 다시 글을 시작할 수 있었던 것은 마침 지금까지 하던 일들을 모두 내려놓고 비교적 다른 일에 마음 빼앗기지 않고 이 일에 시간과 기운의 대부분을 쓸 수 있게 된 때문입니다.

그렇게 시작하여 마침내 여든 한 조각을 훑어 살핀 지금 떠오르는 두 사람이 있습니다.

한 사람은 이제는 그런 일을 하는 사람이 없는 최소한의 장비만 가지고 샘을 파는 사람이고 다른 한 사람은 자신이 하는 일과 큰 관련이 없이 그저 걷기만 하는 사람입니다.

두 사람은 늘 내 가슴속에 살고 있었고 때때로 나를 돌아보게 하는 거울이기도 했는데 최근에 내 안에 다시 한 사람이 들어왔습니다.

그분이 있다는 것을 알고 해가 세 번이나 바뀐 며칠 전에 처음으로 말을 걸어본 그런 사람입니다.

몇 해 전부터 아침 산책을 하는 것이 일과입니다. 그 산책길에서 보이는 몇몇 밭뙈기들 중 유난히 안쓰러워 보이는 그런 밭이 하나 있습니다. 동쪽에 가파른 산이 있어 아침 햇살은 거의 닿지 않는데다가 동남쪽은 길을 내느라고 잘린 산의 숲이 가려서 동남쪽 햇살 또한 거의 못 보는 밭입니다.

그러니까 겨우 남쪽과 서쪽의 해만으로 농사를 지어야 합니다.

비탈 밭 바로 아래쪽에는 대학교가 있는데 학교 건물을 짓는 동안 밭으로 들어가는 길이 없어져서 맹지(盲地)인 그 땅은 재산가치도 별로 없어 보입니다. 다만 거기 자라는 작물(作物)은 조건과는 달리 비교적 상태가 괜찮고 밭은 다른 풀 하나 없이 늘 깨끗했습니다.

거기서 농사를 짓는 이는 한쪽 팔이 없습니다. 어떤 때는 의수(義手)를 하고 있기도 하고 어떤 때는 의수를 하지 않아 움직임을 따라 빈 옷소매가 흔들리기도 합니다. 아마도 그가 그 밭의 주인이라고 생각하며 지나다녔습니다.

그러다가 얼마 전, 마침 가뭄에 거둘 것 몇 꼬투리 안 되는 강낭콩을 따고 있는 그분을 보았고 처음으로 말을 걸어보았습니다.

"그 가뭄에도 용케 열매를 열었으니 대견하지요?"

그가 밭 위쪽의 길에 서 있는 나를 보며 대답했습니다.

"농사라는 것, 하늘이 하시는 일이지 사람이 뭘 한다고 되는 건 아니지요."

그렇게 부지런히 일을 했으면서도 모든 일은 하늘이 하셨고, 자신의 역할은 없었다는 그 말이 그대로 가슴에 와서 꽂혔습니다.

이어서 고라니의 고운 눈 이야기며 애써 기른 것들을 먹긴 하지만 미워할 수는 없었다는 말과 또 다른 몇 마디를 더 주고받았는데 그러는 사이 그분이 다정하지는 않지만 참 편안한 사람이라는 것도 느낄 수 있었습니다.

하늘의 일을 아는 사람, 빛나지도 쉽게 드러나지도 않으면서 묵묵히 자기 삶의 날줄과 씨줄을 엮어가는 그런 사람이라는 생각이 드는 사람이었습니다.

무한한 우주 안에 우연처럼 생겨난 지구는 우리에게 있어서는 나머지 우주와 맞먹는 의미와 가치가 있습니다. 단지 크기만을 놓고 본다면 '하늘과 땅'이라는 말은 성립되지 않습니다. 그렇지만 이 지구라는 터전에서 살아가는 모든 생명들에게는 딛고 있는 땅의 넓이가 우주의 그것과 맞먹는다고 느끼는 것은 틀림없는 사실입니다.

어느 가을날 차를 몰고 하늘 깨끗하고 단풍 고운 길을 가던 기억이 납니다. 평소 하늘 바라보는 것을 중요한 일상의 하나로 꼽으며 살고 있는데 그날의 하늘은 유난히 산뜻했습니다. 길을 가며 깨끗한 하늘과 울긋불긋 옷 갈아입는 가을 산을 보다가 이 세상에 살아있는 모든 것들이 하늘의 그림자라는 생각이 들었습니다.

이 아름다움을 온 몸으로 받는 방법을 나는 『도덕경』에서 배웠습니다. 『도덕경』은 내게는 나를 돌아보게 하는 거울이었습니다. 덤벙대기도 하고, 즉흥적이기도 한 내가 서두르지 않고 느긋할 줄 알게 된 것은 모두 『도덕경』의 가르침 덕분이었습니다.

그 『도덕경』 이야기를 시작할 때 짧게 쓴다고 하면서 짧지도 않은 글이 된 듯 싶습니다. 간결하게 쓴다고 하면서도 어수선함을 벗지 못한 이야기를 아쉬운 대로 마치면서 고개 들고 하늘을 봅니다.

다만 이 글을 쓴 것이 그동안 내가 살아온 것에 대한 정리이기도 하고, 책으로 내는 것은 앞으로 이렇게 살겠다는 약속이기도 합니다. 다만 그것에 얽매어 어깨 무겁게 살지는 않을 것입니다. 문득 떠오르는 짧은 이야기 하나를 덧붙이며 마칠까 합니다.

어느 산속에 노인과 젊은이가 함께 살고 있었습니다. 까닭이 어찌된 건지는 모르지만 젊은이는 어려서부터 이 노인과 같이 살았고, 노인은 이것 저것 가르쳤고 아이는 노인을 스승이라고 부르면서 자랐습니다.

어느 날 저녁, 노인이 젊은이를 불렀습니다.

다가와 자신을 바라보는 젊은이에게 노인이 묻습니다.

"너 북극성이 여기서 얼마나 되는 거리에 있는지 알고 있지?"

젊은이가 아직 어릴 때 노인과 마당에서 하늘에 총총한 별을 본 적이 있었습니다. 그 때 노인은 북극성 이야기를 들려주었습니다. 북극성까지의 거리가 빛이 천 년을 갈만큼 먼 데 있는 거라고, 그러니 지금 우리가 보고 있는 북극성은 천 년 전의 것이라는 말도 그때 들었습니다. 젊은이는 그것을 기억하고 있습니다.

굳이 물을 일이 없을 것 같은데 왜 그걸 묻는지 까닭을 모르는 젊은이가 짧게 대답합니다.

"예."

노인이 젊은이를 지그시 건너다보며 다시 묻습니다.

"그럼 북극성과 너와의 관계는 어떤 것이라고 생각하느냐?"

젊은이는 자라면서 북극성을 참으로 많이도 보았습니다. 그 어느 때에도 천 광년이라는 아득하기만 한 거리는 아무래도 와 닿지 않았습니다. 어떤 때는 자신의 외로움이 저 별에 가 닿기도 할까 하고 묻기도 하고, 어느 때는 별들을 보며 밤새 연주하는 풀벌레들의 소리를 듣다 잠이 들기도 했습니다. 그러다가 아침에 일어나 나가서 보게 된 풀잎 끝마다 맺힌 이슬이 햇살을 튕겨내는 것을 보면서 별들이 풀잎 끝에 내려앉았다는 생각을 하기도 했습니다.

그런 저런 생각을 하다가 젊은이가 대답했습니다.

"저와 북극성의 관계는 이웃입니다."

노인이 고개를 끄덕이며 말합니다.

"밤이 늦었다. 그만 들어가서 자라."

젊은이는 자기 방에 들어가서 잠들었습니다.

이튿날 아침, 노인이 보이지 않았습니다. 아무리 갈만 한 곳을 찾아도 없었습니다. 간단한 노인의 물건들도 함께 사라졌습니다. 며칠을 기다려도 노인은 오지 않았습니다. 어디로 가버렸는지는 모르지만 젊은이는 알아차렸습니다.

노인이 갔다는 것을, 그리고 이제는 혼자 살아가야 한다는 사실도, 젊은이도 짐을 꾸려 오랫동안 살았던 오두막을 떠나 길을 나섰습니다.

구름이 아름다운 장마철의 하늘을 봅니다.

가만히 있는 것 같지만 한 시도 가만히 있지 않고 움직입니다.

생명들이 그 하늘 아래서 살고 있습니다.

모두 제 노래를 부르고 제 춤을 추며 그렇게 살아갑니다.

새들 지저귀는 모습을 봅니다. 절로 입에서 쏟아져나온 말 한마디,

"제 노래를 부르는 새는 다 예쁘지."

날마다 좋은 날!!!

2019년 거둠달[52] 어느 날에

키작은풀

---

52) 오래전부터 달 이름을 만들어 쓰고 있습니다. 열음, 고움, 바람, 꽃님, 오름, 맺음, 돋움, 달굼, 익힘, 거둠, 비움, 다짐의 열두 이름이 바로 그것들입니다.

□ 글을 쓰는데 도움이 된 책들

- 임채우 옮김, 『왕필의 노자주』, 한길사, 2005.
- 이석명, 『백서노자』, 청계, 2006.
- 이석명, 『노자도덕경하상공장구』, 소영출판, 2007.
- 양방웅, 『초간노자』 예경, 2004.
- 쉬캉성 지음, 유희재·신창호 옮김, 『노자평전』, 미다스북스, 2005.
- 박이문, 『老莊思想』, 문학과지성사, 1982.
- 김홍호, 『老·莊사상과 무문관 해설』, 도서출판풍만, 1984.
- F. 카프라 지음, 이성범·김용정 옮김, 『현대물리학과 동양사상』, 범양사, 1992.
- B. 그린 지음, 박병철 옮김, 『우주의 구조』, 승산, 2005.
- C. 세이건 지음, 홍승수 옮김, 『코스모스』, 사이언스북스, 2018.
- 박인원, 『생명의 기원』, 서울대학교출판부, 1996.
- R. 리키 지음, 황현숙·과학세대 옮김, 『인류의 기원』, 동아출판사, 1995.
- 김경재, 『종교다원시대의 기독교 영성』, 다산글방, 1992.
- 김경재, 『영과 진리 안에서』, 대한기독교서회, 1999.
- J, 몰트만 지음, 김균진 옮김, 『생명의 영』, 대한기독교서회, 1992.
- 김균진, 『생태계의 위기와 신학』, 대한기독교서회, 1993.
- J. 몰트만 지음, 김균진·김명용 옮김, 『예수그리스도의 길』, 대한기독교서회, 1997.
- 정성본, 『선의 역사와 사상』, 불교시대사, 1999.
- 장언푸 지음, 김영진 옮김, 『한 권으로 읽는 도교』, 산책자, 2008.
- C. 다윈 지음, 박만규 옮김, 『종의 기원』, 삼성출판사, 1982.
- J. 러브록 지음, 홍욱희 옮김, 『가이아』, 갈라파고스, 2004.
- J. 리프킨 지음, 이정배 옮김, 『생명권 정치학』, 대화출판사, 1996.
- 기세춘, 『老子 강의』, 바이북스, 2013.
- 김월운 옮김, 『전등록 1, 2, 3』, 동국역경원, 2008.
- 오경웅 지음, 류시화 옮김, 『선의 황금시대』, 경서원, 1986.
- 김열권, 『위빠사나1, 2』, 불광출판사, 2006.
- 이오덕, 『우리글 바로쓰기』, 한길사, 1991.
- H. N. 호지, 김종철·김태언 옮김 『오래된 미래』, 녹색평론사, 1997.

추천의 말

항상 새롭고 신비로운 생명의 진실

김경재(전 한국신학대학 교수, 전 크리스천 아카데미 원장)

스스로 '키작은 풀'이라고 자칭하는 김태종 목사님이 청주지역을 중심으로 생활하면서 뜻 찾는 이들과 함께 20여 년 이상 함께 나눈 '노자 이야기'가 한 권의 책으로 엮어져 세상에 얼굴을 나타냈다. 진심으로 축하하고 감사한 맘 그지없다. 저자는 서문에서 노자 곧 '옛늙은이'라고 이름붙인 『도덕경』에서 풍겨나오는 이름 모를 고운 향기와 그리운 숭고함의 비밀을 "생명의 진실"이라고 갈파한다.

다시 말하면 노자 『도덕경』은 도덕강론, 인생처세술, 존재의 시종을 논하는 존재론적 형이상학, 은둔자의 정치비평 논설 등 다양한 면모를 보이지만, 그 책의 비밀은 생명의 진실이란 무엇인가를 알게 하는 책 중의 책이라는 것이다.

생명의 진실이라 해도 좋고 그저 참으로 있는 것 곧 '실재(實在)'라고 해도 좋고, 관념이나 이론이나 법칙이 아니라 현실사건으로 지금 우리 눈앞에서 일어나고 있는 '현실재(actual entities)'의 총합이라 해도 좋다. 종교적으로 말하면 진여계와 생멸계가 불가분리적으로 어우러져 펼쳐지는 일심(一心)이고 '오늘도 일하시는 하나님'이다.

그 특징은 텅빈 충만이요, 부드럽지만 강함이요, 모든 것을 지어가면서도 제 공이라 주장하거나 지배하려 않는다. 조선 백자의 어수룩하면서 소탈한 미(美)처럼 보일 때도 있지만 성실이 실재의 체(體)요, 비움과 낮아짐이 그것의 상(相)이요, 생명살림이 그것의 용(用)이다. 사람이라고 하여 특별대우하지 않고 무정하고 비정한 것 같은데 역설적으로 한없이 대자대비하고 사람 한 명 값어치를 '하늘의 배필자'로 고양시킨다.

『도덕경』의 참된 가치를 저자는 두 가지라고 피력한다. 『도덕경』을 제대로 공부하면 존재와 삶에 대해 제대로 물을 줄 알게 되고, 자신의 현재 모습을 비춰보는 맑은 거울을 발견하게 된다. 하나 더 추가한다면 세상의 온갖 가짜들과 우상들의 본질을 훤히 꿰뚫어보는 형안을 갖게 된다.

저자 김태종 목사가 이번에 새롭게 들려주는 '노자 이야기'는 뭔가가 새롭다. 그 새로움의 맛은 어디에서 우러나올까? 첫째는 『도덕경』을 읽는 독서법에서 새롭다. 지식의 눈과 머리 두뇌로 읽다가 가슴 심장을 통과하고 사지 몸통을 거쳐 마침내 손발이 가 닿는 일상에서 그 경전의 진실한 힘과 의미를 확철하는 독법이다. 둘째는 되새김하는 저자의 삶의 자리가 21세기 오늘 지구촌과 한국의 실존적 고뇌의 자리이다. 현대 자연과학과 인문과학과 사회과학이 통섭을 이루며 '옛늙은이'를 '젊은 늙은이'로 되살려 낸다. 그래서 이 책은 젊고 신선하고 피부에 와서 닿는다. 어렵지도 않고 지루하지 않다. 숨을 죽이고 책장을 넘긴다.

이 책의 백미는 책 구성에서 돋보인다. 저자가 노자 81장에 각 장마다 새로운 이름을 붙이고, 각 장마다 '글마루'에 한글로 음역을 붙여서 한자가 라틴어처럼 멀게만 느껴지는 젊은 세대 고충을 친절하게 배려한다. 둘째는 각 장마다 한자 원문을 우리말과 글로써 번역하는 '풀이'라는 제2단계에서 타의 추종을 불허할 만큼 옛글의 참뜻과 한글의 아름다움을 동시에 드러낸다. 그리고 마지막으로 제3단계 '이야기' 단계에서 그야말로 깨달음에 이른 도통한 저자의 깊은 되새김을 펼친다. 그 셋째 단계 '이야기' 내용 중엔 설교사례로서 큰 도움이 될 만한 감명 깊은 체험적 이야기도 있고, 현대물리학과 지구촌 생태계 신음을 치유할 처방이 있고, 한국 정치 교육 종교계의 허상과 위선이 비판 해부되는 예언자적 열정이 있다.

오늘날 한국의 종교계 특히 개신교의 탈선, 타락, 세속화가 극에 달하여 종교의 마성화(魔性化)마저 섬뜩하게 느껴지는 절망의 시대이다. 그러나, 목사임을 포기하지 않는 저자와 같은 개신교 성직자가 이 참신한 『도덕경』 강해를 펴냄에 즈음하여, 필자는 한국 개신교의 미래가 반드시 어둡지 않다는 희망을 되찾는다. 겨울이 깊었으면 봄이 멀지 않았을 터이고 어둠이 깊었으면 동트는 새벽이 곧 밝아지지 않겠는가?

새날이 밝아오기를 기대하는 뜻 찾는 이 땅의 구도자들에게 "우리 시대 보물함이 여기 있소!"라고 자신있게 추천한다. 참으로 귀한 진리 말씀 향연에 초대해주시는 저자와 출판준비위원회 여러 벗님들에게 깊은 감사를 드린다.

치열하면서도 서정적인 『도덕경』 해석

김승환(충북대 교수)

김태종 목사의 『도덕경』을 읽고 문득 떠오르는 생각은 이런 것이었다. '김 목사가 시인이었던가?' 생각해 보면 김 목사께서 자신을 시인이라고 한 적이 없다. 다른 사람도 그를 시인으로 칭하지 않은 것 같다. 그런데 김태종의 『도덕경』을 읽으면 '시인이 시에 대한 해석을 시처럼 썼다'는 느낌을 지울 수 없다. 왜 이런 생각이 드는 것일까? 먼저 김 목사의 시적 심성을 들을 수 있을 것 같다. 여리고 섬세한 그의 성정은 치열한 투쟁에 희석되어 잘 보이지가 않았다. 정이 깊은 그의 마음도 항상 바쁜 일상에 가려서 잘 드러나지 않았다. 그런데, 그가 오래 전부터 읽어오고 또 가르쳐왔던 『도덕경』을 통하여 그의 시적 성정과 심성이 고스란히 드러나게 된 것이다. 그렇다면 왜 이제야 드러났을까? 그것은 자기 내면을 깊이 응시하는 조용한 은거의 시간을 가졌기 때문이다. 우리는 한동안 김 목사를 볼 수 없었다. 아마도 자기성찰의 시간이었을 것이다.

사람은 누구나 자기를 돌아보는데, 조용히 관조하는 눈으로 돌아보는 것은 정말 쉽지 않다. 그래서 기도나 명상으로 자기를 돌아보지만 그 역시 세상을 달관(達觀)하려 하거나 자기를 이기려는 강한 의지가 동반되는 것이므로 자기를 돌아보는 것에는 적합하지 않다. 자기 바깥에서 자기를 보면서 자기 내면을 깊이 응시하는 무목적인 목적(purposeless purpose)일 때라야 비로소 자기가 보인다. 김 목사의 시적 심성은 아마도 이런 과정에서 자연스럽게 드러난 것 같다. 그렇다면 무엇으로 그런 심성이 드러났을까? 그것은 이 책 『도덕경』을 통해서 드러났다.

노자(老子)는 아주 먼 옛날 주나라 때 살았다는 신비한 인물을 칭하는 특수명사이면서 지혜로운 사람을 일컫는 보통명사다. 그러므로 『노자』 즉 『도덕경(道德經)』을 읽는 것은 도가의 스승인 노자를 읽는 것이면서 지혜로운 사람을 아는 것이다. 그런데 지혜는 인간 모두 가지고 있는 보편적 성정이므로 결국 『도덕경』을 읽는 것은 인간을 이해하는 것이다. 그것이 『도덕경』 전편을 관류하는 핵심일 텐데 김 목사는 인간의 보편적 지혜를 일깨우고자 이 글을 썼다.

잘 알려진 것처럼 『도덕경』 첫머리는 '道可道非常道(도가도비상도) 名可名非常名(명가명비상명)'이다. 이것을 해석하자면 '도는 도라고 할 수 있지만 항상 도가 아니고, 이름은 이름이라고 할 수 있지만 항상 이름이 아니다.'이다. 그런데 김 목사는 이것을 '도를 도라고 말하는 순간 도가 아니고, 무엇엔가 이름을 붙이는 그 자리가 그것의 본질이 왜곡되는 지점이다'로 해석한다. '도가도비상도'에 대한 해석은 일반적 해석과 크게 다르지 않지만 '명가명비상명'에 대한 해석은 일반적 해석과 크게 다르다. 이렇게 된 까닭은 '명(名)'을 다른 해석가들과 다른 지점에서 보았기 때문이다. 김 목사는 명을 본질로 보았다.

본질(Essence)은 사물이나 현상을 성립시키는 근본적인 성질 또는 원래 가지고 있는 사물이나 현상의 근원이다. '무엇의 무엇임' 또는 '무엇에서 없으면 안 되는 것'이 바로 본질이다. 가령 김태종의 본질은 '김 목사의 속성 중에서 그것이 없으면 김태종 목사가 아닌 근본적인 것'이다. 모든 사물과 현상에는 본질이 있다. 그 본질에 이름을 붙이면 명(名)이 된다. 그러니까 명은 본질을 정의하고 본질을 함의하는 기호다. 모든 존재는 그 존재를 표현하는 기호가 있어야 한다. 기호가 없으면 사람마다 해석이 다르고 변화하는 시공간마다 이해가 다르다. 그래서 사람들은 약속인 기호로 이름을 부여한다. 그것이 바로 언어인데 그 언어 명명의 지점에서 김 목사의 본질과 이름의 관계가 선명하게 드러난다. 그러니까 김 목사의 해석 즉 '무엇엔가 이름을 붙이는 그 자리가 그것의 본질이 왜곡되는 지점이다'는 '무엇엔가 이름을 붙이면 본질이 왜곡되므로 이름을 붙이지 않아야 한다'로 환위할 수 있다. 그렇다면 김 목사는 '모든 존재에 이름을 붙이지 말자'고 주장하는 것일까?

아이러니한 노자의 어법처럼 김 목사의 주장은 '이름을 붙이지 말자'는 것일 수도 있고 '이름을 붙이되 이름에 맞아야 한다'는 정언명령(Categorical Imperative)일 수도 있다. 현실에서 어떤 것에 이름을 붙이지 않을 수 없으므로 김 목사의 해석은 '이름을 붙이되 이름에 맞아야 한다'는 것이다. 이에 이르면 '명가명비상명'이 도학자적 존재론이 아니라 현장의 실천론이라는 것을 알 수 있다. 왜냐하면 '명가명비상명'은 '이름을 붙이되 이름에 맞아야 한다'는 정언명령이기 때문이다. 그러니까 '사람은 사람다워야 하고, 목사는 목사다워야 하며, 김태종은 김태종다워야 한다'라는 명령이 부여되는 것이다. 문제는 이 명령이 단순한 명령이 아니라 지혜의 명령이라는 점이다. 그렇다. 김 목사는 『도덕경』을 해석한 수많은 사람들과 달리, 2019년 현재를 사는 분단체제 충북청주인들의 '이름'을 묻는 것이다. 그 물음은 대부분 자기에게 향해 있지만 상당 부분은 충북청주의 사회변혁운동가들을 향해 있다. 그런 김 목사의 『도덕경』 해석은 '풀이'와 '이야기'의 다음과 같은 체제로 짜여있다. "세계에서 으뜸가는 바보 나라가 몇 있습니다. 그중 최고는 누가 뭐라 해도 미국이고 그 다음이 러시아, 그리고 그 다음은 거기 끼려고 애 쓰는 중국을 얼른 꼽을 수 있습니다." 이어서 일본은 바보조차 되지 못하는 나라으로 밀쳐 버렸다.

이렇게 하여 김 목사의 『도덕경』 해석의 본질이 완연히 드러난다. 그것은 다음과 같다. '나 김태종은 생명운동, 노동현장, 시민운동에 몸을 던지는 명가명비상명의 명령을 수행하겠다!' 사실 그는 지난 수십 년을 사회변혁운동에 투신했다. 누구나 그렇듯 명예도 있고 상처도 있겠지만, 애초부터 무슨 이익을 바라고 시작한 것은 아니므로 훗날을 생각할 필요가 없었다. 그렇게 그는 자신을 태웠고 그 태움의 재를 『도덕경』에 뿌렸다. 하지만 서정적 시가 아니면 현지우현(玄之又玄)한 중현(重玄)의 『도덕경』을 풀어내기 쉽지 않다. 노자 『도덕경』을 철학적으로 해석한 것이나 도가적으로 해석한 책은 무수히 많다. 그런 책과 달리 김 목사의 『도덕경』은 자기에 대한 규율, 운동 과정에 있었던 오류의 반성, 분단체제 극복의 의지, 생태환경의 생명운동, 인간의 탐욕에 대한 질타, 절대자에 대한 사랑 등을 충북청주를 토대로 김태종식의 이야기를 만들었기에 은은하게 빛난다.

앞으로도 청년 김태종은 목사, 운동가, 시인으로 한뉘를 아름답게 수놓을 것이다. 그리고 그의 곁에는 언제나 그의 거울인 『도덕경』이 놓여 있을 것이다.

이야기 도덕경

2019년 10월 25일 초판 1쇄 발행

지은이 김태종
펴낸이 유정환
펴낸곳 도서출판 고두미
등록 2001년 5월 22일(제2001-000011호)
충북 청주시 상당구 꽃산서로8번길 90
Tel. 043-257-2224 / Fax. 070-7016-0823
E-mail. godumi@naver.com

ISBN 979-11-86060-80-3 03150

이 도서의 국립중앙도서관 출판예정도서목록(CIP)은
서지정보유통지원시스템 홈페이지(http://seoji.nl.go.kr)와
국가자료공동목록시스템(http://www.nl.go.kr/kolisnet)에서 이용하실 수 있습니다.
(CIP제어번호: CIP2019040766)